中华人民共和国交通运输部

公路工程标准施工监理招标文件

(2018 年版)

交通运输部公告 2018 年第 25 号
自 2018 年 5 月 1 日起施行

人民交通出版社股份有限公司
China Communications Press Co.,Ltd.

律师声明

本书所有文字、数据、图像、版式设计、插图等均受中华人民共和国宪法和著作权法保护。未经人民交通出版社股份有限公司同意，任何单位、组织、个人不得以任何方式对本作品进行全部或局部的复制、转载、出版或变相出版。

任何侵犯本书权益的行为，人民交通出版社股份有限公司将依法追究其法律责任。

有奖举报电话：(010)85285150

北京市星河律师事务所

2017 年 10 月 31 日

图书在版编目(CIP)数据

公路工程标准施工监理招标文件：2018 年版 / 中华人民共和国交通运输部组织编写. — 北京：人民交通出版社股份有限公司, 2018.3

ISBN 978-7-114-14588-9

Ⅰ.①公… Ⅱ.①中… Ⅲ.①道路施工—施工监理—招标—文件—中国 Ⅳ.①U415.1

中国版本图书馆 CIP 数据核字(2018)第 049680 号

Gonglu Gongcheng Biaozhun Shigong Jianli Zhaobiao Wenjian

书　　名：	公路工程标准施工监理招标文件(2018 年版)
著 作 者：	中华人民共和国交通运输部
责任编辑：	吴有铭　刘永超　黎小东
出版发行：	人民交通出版社股份有限公司
地　　址：	(100011)北京市朝阳区安定门外外馆斜街 3 号
网　　址：	http://www.ccpress.com.cn
销售电话：	(010)59757973
总 经 销：	人民交通出版社股份有限公司发行部
经　　销：	各地新华书店
印　　刷：	北京市密东印刷有限公司
开　　本：	880×1230　1/16
印　　张：	12
字　　数：	240 千
版　　次：	2018 年 3 月　第 1 版
印　　次：	2018 年 4 月　第 2 次印刷
书　　号：	ISBN 978-7-114-14588-9
定　　价：	80.00 元

(有印刷、装订质量问题的图书，由本公司负责调换)

中华人民共和国交通运输部

公 告

第 25 号

交通运输部关于发布公路工程标准施工监理招标文件及公路工程标准施工监理招标资格预审文件 2018 年版的公告

为加强公路工程施工监理招标管理,规范招标文件及资格预审文件编制工作,依照《中华人民共和国招标投标法》《中华人民共和国招标投标法实施条例》等法律法规,按照《公路工程建设项目招标投标管理办法》(交通运输部令 2015 年第 24 号),在国家发展改革委牵头编制的《标准监理招标文件》(以下简称《标准文件》)基础上,结合公路工程施工监理招标特点和管理需要,交通运输部组织制定了《公路工程标准施工监理招标文件》(2018 年版)及《公路工程标准施工监理招标资格预审文件》(2018 年版)(以下简称《公路工程标准文件》),现予发布。

《公路工程标准文件》(2018 年版)自 2018 年 5 月 1 日起施行,《公路工程施工监理招标文件范本》(2008 年版)同时废止,之前根据《公路工程施工监理招标文件范本》(2008 年版)完成招标工作的项目仍按原合同执行。

自施行之日起,依法必须进行招标的公路工程应当使用《公路工程标准文件》(2018 年版),其他公路项目可参照执行。在具体项目招标过程中,招标人可根据项目实际情况,编制项目专用文件,与《公路工程标准文件》(2018 年版)共同使用,但不得违反国家有关规定。

《公路工程标准文件》(2018年版)中"投标人须知""评标办法"和"通用合同条款"等部分,与《标准文件》内容相同的只保留条目号,具体内容见《标准文件》。《公路工程标准文件》电子文本可在交通运输部网站(www.mot.gov.cn)"下载中心"下载。

请各省级交通运输主管部门加强对《公路工程标准文件》(2018年版)贯彻落实情况的监督检查,注意收集有关意见和建议,并及时反馈部公路局。

中华人民共和国交通运输部
2018年2月14日

交通运输部办公厅	2018年2月22日印发

《公路工程标准施工监理招标文件》
（2018年版）

审定委员会

主 任 委 员：吴德金

副主任委员：杨　洁　王　太　陶汉祥　张建军　裴岷山

委　　　员：赵成峰　顾志峰　郭　胜　石国虎　张竹彬　王松波　高会晋
　　　　　　　王海臣　高新文

编写人员

主　　　编：石国虎　王　太　陶汉祥　张建军　赵成峰　彭耀军　高会晋

编写人员：王海臣　徐致远　王恒斌　艾四芽　李培源　刘建涛　李　悦
　　　　　　张　磊　马召辉　程　刚　高德风　程　磊　袁　静　王　林
　　　　　　张雄胜　阮明华　贺晓东　陈文光　刘　涛　邓　磊　李博闻
　　　　　　兰立松　李忠利

使用说明

一、为加强公路工程施工监理招标管理，规范招标文件编制工作，交通运输部公路局会同国家发展改革委法规司，组织华杰工程咨询有限公司和国内专家对《公路工程施工监理招标文件范本》(2008年版)进行修订并经审定形成了《公路工程标准施工监理招标文件》(2018年版)(以下简称《公路工程标准招标文件》)。

二、《公路工程标准招标文件》以国家九部委《标准监理招标文件》(2017年版)(以下简称《标准招标文件》)为基础，以《中华人民共和国招标投标法》、《中华人民共和国招标投标法实施条例》、《公路工程建设项目招标投标管理办法》(交通运输部令2015年第24号)等法律法规和部门规章为依据，结合公路工程施工监理招标特点和管理需要编制而成。《标准招标文件》规定通用部分，《公路工程标准招标文件》规定公路工程内容，两者结合使用，其中《公路工程标准招标文件》不加修改地引用《标准招标文件》"投标人须知"正文、"评标办法"正文部分的文字用宋体表示，补充的公路工程行业内容部分的文字用隶书表示，两种字体具有同等效力。

三、《公路工程标准招标文件》适用于依法必须进行招标的各等级公路和桥梁、隧道建设项目，其他公路项目可参照执行。

四、招标人根据《公路工程标准招标文件》编制项目招标文件时，不得修改"投标人须知"正文和"评标办法"正文，但可在前附表中对"投标人须知"和"评标办法"进行补充、细化，补充和细化的内容不得与"投标人须知"和"评标办法"正文内容相抵触。

五、招标人在根据《公路工程标准招标文件》编制项目招标文件中的"项目专用合同条款"时，可根据招标项目的具体特点和实际需要，对"通用合同条款"及"公路工程专用合同条款"进行补充、细化，除"通用合同条款"明确"专用合同条款"可作出不同约定以及"公路工程专用合同条款"明确"项目专用合同条款"可作出不同约定外，补充和细化的内容不得与"通用合同条款"及"公路工程专用合同条款"强制性规定相抵触。同时，补充、细化或约定的内容，不得违反法律、行政法规的强制性规定和平等、自愿、公平和诚实信用原则。

六、《公路工程标准招标文件》用相同序号标示的章、节、条、款、项、目，供招标人选择使用；以空格标示的部分，招标人应根据招标项目具体特点和实际需要进行填写，确实没有需要填写的，在空格中用"/"标示。

七、招标人按照《公路工程标准招标文件》第一章的格式发布招标公告或发出投标邀请书后，将实际发布的招标公告或实际发出的投标邀请书编入出售的招标文件中，作为招标文件的组成部分。其中，招标公告应同时注明发布的所有媒介名称。

八、《公路工程标准招标文件》第三章"评标办法"规定采用综合评估法。在满足第三章"评标办法"相关注释的前提下，各评审因素的评审标准和分值等由招标人根据项目特点和需要合理确定。

第三章"评标办法"前附表应列明全部评审因素和评审标准，并在本章（前附表及正文）标明投标人不满足要求即导致否决投标的全部条款。

九、第五章"委托人要求"由招标人根据《公路工程标准招标文件》、招标项目具体特点和实际需要编制，并与"投标人须知""通用合同条款""专用合同条款"相衔接。

十、采用电子招标投标的，招标人应按照国家有关规定，结合项目具体情况和交易平台操作特点，在招标文件中载明相应要求。其中，招标文件的获取、澄清修改、异议，投标文件的编制、加密、递交、修改与撤回，开标、评标、评标结果异议、中标通知等条款，可参考附录"采用电子招标投标条款示例"对《公路工程标准招标文件》的相应条款进行调整。

十一、各使用单位或个人对《公路工程标准招标文件》的修改意见和建议，请及时反馈交通运输部。

_____省（自治区、直辖市）

　　_____（项目名称）_____标段施工监理招标

　　（招标编号：_____）

招 标 文 件

招标人：_____（盖单位章）

招标代理机构：_____（盖单位章）

　　_____ 年 ___ 月 ___ 日

目　录

第　一　卷

第一章　招标公告（未进行资格预审） ··· 5
1. 招标条件 ··· 5
2. 项目概况与招标范围 ··· 5
3. 投标人资格要求 ·· 5
4. 招标文件的获取 ·· 6
5. 投标文件的递交及相关事宜 ·· 6
6. 发布公告的媒介 ·· 6
7. 联系方式 ··· 7

第一章　投标邀请书（适用于邀请招标） ······································ 8
1. 招标条件 ··· 8
2. 项目概况与招标范围 ··· 8
3. 投标人资格要求 ·· 8
4. 招标文件的获取 ·· 9
5. 投标文件的递交及相关事宜 ·· 9
6. 确认 ··· 9
7. 联系方式 ··· 9
附件　确认通知 ·· 11

第一章　投标邀请书（代资格预审通过通知书） ···························· 12
附件　确认通知 ·· 14

第二章　投标人须知 ·· 17
投标人须知前附表 ··· 17
　　附录1　资格审查条件（资质最低要求） ································ 23
　　附录2　资格审查条件（业绩最低要求） ································ 24
　　附录3　资格审查条件（信誉最低要求） ································ 25
　　附录4　资格审查条件（总监理工程师或驻地监理工程师最低要求） ········ 26
　　附录5　资格审查条件（其他主要监理人员最低要求） ··············· 27
1. 总则 ·· 28
　　1.1　项目概况 ··· 28
　　1.2　招标项目的资金来源和落实情况 ···································· 28
　　1.3　招标范围、监理服务期限、质量要求和安全目标 ··············· 28
　　1.4　投标人资格要求（适用于已进行资格预审的） ··················· 28

- 1.4 投标人资格要求(适用于未进行资格预审的) 28
- 1.5 费用承担 30
- 1.6 保密 30
- 1.7 语言文字 30
- 1.8 计量单位 30
- 1.9 踏勘现场 30
- 1.10 投标预备会 30
- 1.11 分包 31
- 1.12 响应和偏差 31
2. 招标文件 31
- 2.1 招标文件的组成 31
- 2.2 招标文件的澄清 32
- 2.3 招标文件的修改 32
- 2.4 招标文件的异议 32
3. 投标文件 32
- 3.1 投标文件的组成 32
- 3.2 投标报价 33
- 3.3 投标有效期 33
- 3.4 投标保证金 34
- 3.5 资格审查资料(适用于已进行资格预审的) 35
- 3.5 资格审查资料(适用于未进行资格预审的) 35
- 3.6 备选投标方案 37
- 3.7 投标文件的编制 37
4. 投标 38
- 4.1 投标文件的密封和标识 38
- 4.2 投标文件的递交 38
- 4.3 投标文件的修改与撤回 38
5. 开标 39
- 5.1 开标时间和地点 39
- 5.2 开标程序 39
- 5.3 开标异议 40
6. 评标 40
- 6.1 评标委员会 40
- 6.2 评标原则 41
- 6.3 评标 41
7. 合同授予 41
- 7.1 中标候选人公示 41
- 7.2 评标结果异议 41
- 7.3 中标候选人履约能力审查 42

7.4	定标	42
7.5	中标通知	42
7.6	中标结果公告	42
7.7	履约保证金	42
7.8	签订合同	42

8. 纪律和监督 43
    8.1 对招标人的纪律要求 43
    8.2 对投标人的纪律要求 43
    8.3 对评标委员会成员的纪律要求 43
    8.4 对与评标活动有关的工作人员的纪律要求 43
    8.5 投诉 43

9. 是否采用电子招标投标 44

10. 需要补充的其他内容 44

附件一 开标记录表 45
附件二 问题澄清通知 47
附件三 问题的澄清 48
附件四 中标通知书 49
附件五 中标结果通知书 50
附件六 确认通知 51

第三章 评标办法（综合评估法） 55

评标办法前附表 55

1. 评标方法 62

2. 评审标准 62
    2.1 初步评审标准 62
    2.2 分值构成与评分标准 62

3. 评标程序 63
    3.1 第一个信封初步评审 63
    3.2 第一个信封详细评审 63
    3.3 第二个信封开标 63
    3.4 第二个信封初步评审 63
    3.5 第二个信封详细评审 64
    3.6 投标文件相关信息的核查 64
    3.7 投标文件的澄清和说明 65
    3.8 不得否决投标的情形 65
    3.9 评标结果 66

第四章 合同条款及格式 67

第一节 通用合同条款 69
    1. 一般约定 70
    2. 委托人义务 74

3. 委托人管理 ·· 74
　　4. 监理人义务 ·· 75
　　5. 监理要求 ··· 77
　　6. 开始监理和完成监理 ·· 79
　　7. 监理责任与保险 ·· 80
　　8. 合同变更 ··· 80
　　9. 合同价格与支付 ·· 81
　　10. 不可抗力 ·· 82
　　11. 违约 ·· 82
　　12. 争议的解决 ··· 83
　第二节　专用合同条款 ·· 84
　第三节　合同附件格式 ·· 108
　　附件一　合同协议书 ·· 109
　　附件二　廉政合同 ··· 111
　　附件三　其他主要监理人员最低要求 ·· 113
　　附件四　主要试验检测设备最低要求 ·· 114
　　附件五　履约保证金格式 ·· 115

第 二 卷

第五章　委托人要求 ·· 121
第六章　图纸和资料 ·· 125

第 三 卷

第七章　投标文件格式 ··· 129
　投标文件（商务及技术文件） ··· 131
　　目录 ··· 133
　一、投标函 ·· 135
　二、授权委托书或法定代表人身份证明 ·· 137
　　（一）授权委托书 ··· 137
　　（二）法定代表人身份证明 ··· 138
　三、联合体协议书 ··· 139
　四、投标保证金 ·· 140
　五、资格审查资料（适用于已进行资格预审的） ··· 141
　五、资格审查资料（适用于未进行资格预审的） ··· 142
　　（一）投标人基本情况表 ·· 142
　　（二）投标人企业组织机构框图 ··· 143
　　（三）近年完成的类似项目情况表 ·· 144

（四）投标人的信誉情况表 ………………………………………………………… 145
（五）拟委任的总监理工程师或驻地监理工程师资历表 ………………………… 146
（六）拟委任的其他主要监理人员汇总表 ………………………………………… 147
（七）拟委任的其他主要监理人员资历表 ………………………………………… 148
六、技术建议书 ………………………………………………………………………… 149
七、其他资料 …………………………………………………………………………… 150
投标文件（报价文件） ………………………………………………………………… 151
目录 ……………………………………………………………………………………… 153
一、投标函 ……………………………………………………………………………… 155
二、监理服务费用清单 ………………………………………………………………… 156
（一）报价清单说明 ………………………………………………………………… 156
（二）监理服务费报价表 …………………………………………………………… 157
附录　采用电子招标投标条款示例 …………………………………………………… 167

第 一 卷

第一章 招标公告/投标邀请书

第一章 招标公告(未进行资格预审)①

_____(项目名称)_____标段施工监理招标公告②

1. 招标条件

本招标项目_____(项目名称)已由_____(项目审批、核准或备案机关名称)以_____(批文名称及编号)批准建设,初步设计已由_____(批准机关名称)以_____(批文名称及编号)批准,项目业主为_____,建设资金来自_____(资金来源),出资比例为_____,招标人为_____。项目已具备招标条件,现对该项目的施工监理进行公开招标。

2. 项目概况与招标范围

_____(说明本次招标项目的建设地点、规模、监理服务期限、招标范围、标段划分等)。

3. 投标人资格要求

3.1 本次招标要求投标人须具备_____资质、_____业绩,并在人员等方面具有相应的施工监理能力。

投标人应进入交通运输部"全国公路建设市场信用信息管理系统(http://glxy.mot.gov.cn)"中的公路工程施工监理资质企业名录,且投标人名称和资质与该名录中的相应企业名称和资质完全一致。③

3.2 本次招标_____(接受或不接受)联合体投标。联合体投标的,应满足下列

---

① 招标人可根据项目具体特点和实际需要对本章内容进行补充、细化,但应遵守《中华人民共和国招标投标法》第十六条和《招标公告和公示信息发布管理办法》等有关法律法规的规定。
② 招标人应自招标文件开始发售之日起,将招标文件的关键内容上传至具有招标监督职责的交通运输主管部门政府网站或其指定的其他网站上进行公开,公开内容包括项目概况、对投标人的全部资格条件要求、评标办法全文、招标人联系方式等。招标人可将招标文件的关键内容全部载明在招标公告正文中,或作为招标公告的附件进行公开,或作为独立文件在网站上进行公开。
③ 本段规定仅适用于根据《关于发布公路工程从业企业资质名录的通知》(厅公路字〔2011〕114号)要求,招标人应通过名录对投标人资质条件进行审核的公路施工监理企业。

要求：_____。

3.3 每个投标人最多可对____（具体数量）个标段投标；被_____交通运输主管部门评为_____信用等级的投标人，最多可对____（具体数量）个标段投标。[①] 每个投标人允许中____个标。对投标人信用等级的认定条件为：_____。

3.4 与招标人存在利害关系可能影响招标公正性的单位，不得参加投标。单位负责人为同一人或存在控股、管理关系的不同单位，不得参加同一标段投标，否则，相关投标均无效。

3.5 在"信用中国"网站（http://www.creditchina.gov.cn/）中被列入失信被执行人名单的投标人，不得参加投标。

4. 招标文件的获取

4.1 凡有意参加投标者，请于____年____月____日至____年____月____日[②]，每日上午____时____分至____时____分，下午____时____分至____时____分（北京时间，下同），在_____（详细地址）持单位介绍信和经办人身份证购买招标文件。参加多个标段投标的投标人必须分别购买相应标段的招标文件，并对每个标段单独递交投标文件。

4.2 招标文件每套售价_____元[③]，图纸每套售价_____元，售后不退[④]。

5. 投标文件的递交及相关事宜

5.1 招标人将于下列时间和地点组织进行工程现场踏勘并召开投标预备会。
踏勘现场时间：____年____月____日____时____分，集中地点：_____；
投标预备会时间：____年____月____日____时____分，地点：_____。

5.2 投标文件递交的截止时间（投标截止时间，下同）为____年____月____日____时____分[⑤]，投标人应于当日____时____分至____时____分将投标文件递交至_____（详细地址）。

5.3 逾期送达的、未送达指定地点的或不按照招标文件要求密封的投标文件，招标人将予以拒收。

[①] 招标人可根据招标项目所在地省级交通运输主管部门的有关规定，对信用等级高的投标人，给予增加参与投标标段数量的优惠。
[②] 招标文件（未进行资格预审）的发售时间不得少于5日。
[③] 招标文件中提到的货币单位除有特别说明外，均指人民币元。
[④] 每套招标文件售价只计工本费，最高不超过1000元（不含图纸部分）；图纸每套售价最高不超过3000元。招标人若不提供图纸，应提供满足投标人编制技术建议书需要的参考资料。
[⑤] 依法必须进行招标的公路工程，自招标文件开始发售之日起至投标人递交投标文件截止之日止，不得少于20日。

6. 发布公告的媒介

本次招标公告同时在_____（发布公告的媒介名称）上发布。

7. 联系方式

招　标　人：_____	招标代理机构：_____
地　　　址：_____	地　　　址：_____
邮政编码：_____	邮政编码：_____
联　系　人：_____	联　系　人：_____
电　　　话：_____	电　　　话：_____
传　　　真：_____	传　　　真：_____
电子邮件：_____	电子邮件：_____
网　　　址：_____	网　　　址：_____
开户银行：_____	开户银行：_____
账　　　号：_____	账　　　号：_____

____年___月___日

第一章 投标邀请书（适用于邀请招标）[①]

_____（项目名称）_____标段施工监理投标邀请书[②]

_____（被邀请单位名称）：

1. 招标条件

本招标项目_____（项目名称）已由_____（项目审批、核准或备案机关名称）以_____（批文名称及编号）批准建设，初步设计已由_____（批准机关名称）以_____（批文名称及编号）批准，项目业主为_____，建设资金来自_____（资金来源），出资比例为_____，招标人为_____。项目已具备招标条件，现邀请你单位参加_____（项目名称）_____标段施工监理投标。

2. 项目概况与招标范围

_____（说明本次招标项目的建设地点、规模、监理服务期限、招标范围、标段划分等）。

3. 投标人资格要求

3.1 本次招标要求投标人须具备_____资质、_____业绩，并在人员等方面具有承担本标段施工监理的能力。

投标人应进入交通运输部"全国公路建设市场信用信息管理系统（http://glxy.mot.gov.cn）"中的公路工程施工监理资质企业名录，且投标人名称和资质与该名录中的相应企业名称和资质完全一致。[③]

3.2 本次招标_____（接受或不接受）联合体投标。联合体投标的，应满足下列要

[①] 招标人可根据项目具体特点和实际需要对本章内容进行补充、细化，但应遵守《中华人民共和国招标投标法》等有关法律法规的规定。

[②] 招标人应自招标文件开始发售之日起，将招标文件的关键内容上传至具有招标监督职责的交通运输主管部门政府网站或其指定的其他网站上进行公开，公开内容包括项目概况、对投标人的全部资格条件要求、评标办法全文、招标人联系方式等。

[③] 本段规定仅适用于根据《关于发布公路工程从业企业资质名录的通知》（厅公路字〔2011〕114号）要求，招标人应通过名录对投标人资质条件进行审核的公路施工监理企业。

求:＿＿＿＿＿＿＿＿＿＿。

4. 招标文件的获取

4.1 请于＿＿＿年＿＿月＿＿日至＿＿＿年＿＿月＿＿日,每日上午＿＿时＿＿分至＿＿时＿＿分,下午＿＿时＿＿分至＿＿时＿＿分(北京时间,下同),在＿＿＿＿(详细地址)持本邀请书和单位介绍信、经办人身份证购买招标文件。

4.2 招标文件每套售价＿＿＿＿元,图纸每套售价＿＿＿＿元,售后不退①。

5. 投标文件的递交及相关事宜

5.1 招标人将于下列时间和地点组织进行工程现场踏勘并召开投标预备会。
踏勘现场时间:＿＿＿年＿＿月＿＿日＿＿时＿＿分,集中地点:＿＿＿＿＿＿;
投标预备会时间:＿＿＿年＿＿月＿＿日＿＿时＿＿分,地点:＿＿＿＿＿＿。

5.2 投标文件递交的截止时间(投标截止时间,下同)为＿＿＿年＿＿月＿＿日＿＿时＿＿分②,投标人应于当日＿＿时＿＿分至＿＿时＿＿分将投标文件递交至＿＿＿＿＿＿(详细地址)。

5.3 逾期送达的、未送达指定地点的或不按照招标文件要求密封的投标文件,招标人将予以拒收。

6. 确认

你单位收到本邀请书后,请于＿＿＿年＿＿月＿＿日＿＿时＿＿分前,以书面形式确认是否参加投标。在本邀请书规定的时间内未表示是否参加投标或明确表示不参加投标的,不得再参加投标。

7. 联系方式

招 标 人:＿＿＿＿＿＿＿＿＿＿ 招标代理机构:＿＿＿＿＿＿＿＿＿＿
地   址:＿＿＿＿＿＿＿＿＿＿ 地   址:＿＿＿＿＿＿＿＿＿＿
邮政编码:＿＿＿＿＿＿＿＿＿＿ 邮政编码:＿＿＿＿＿＿＿＿＿＿
联 系 人:＿＿＿＿＿＿＿＿＿＿ 联 系 人:＿＿＿＿＿＿＿＿＿＿
电   话:＿＿＿＿＿＿＿＿＿＿ 电   话:＿＿＿＿＿＿＿＿＿＿
传   真:＿＿＿＿＿＿＿＿＿＿ 传   真:＿＿＿＿＿＿＿＿＿＿

---

① 每套招标文件售价只计工本费,最高不超过1000元(不含图纸部分);图纸每套售价最高不超过3000元。招标人若不提供图纸,应提供满足投标人编制技术建议书需要的参考资料。

② 依法必须进行招标的公路工程,自招标文件开始发售之日起至投标人递交投标文件截止之日止,不得少于20日。

电子邮件：_____	电子邮件：_____
网　　址：_____	网　　址：_____
开户银行：_____	开户银行：_____
账　　号：_____	账　　号：_____

_____年___月___日

第一章 投标邀请书（适用于邀请招标）

附件　确认通知

确 认 通 知

_____（招标人名称）：

　　我方已于_____年___月___日收到你方_____年___月___日发出的_____（项目名称）____标段施工监理招标的投标邀请书，并确认_____（参加/不参加）投标。

　　特此确认。

被邀请单位名称：_____（盖单位章）

_____年___月___日

第一章　投标邀请书（代资格预审通过通知书）[①]

<u>　　　　　　</u>（项目名称）<u>　　　</u>标段施工监理投标邀请书[②]

<u>　　　　　　</u>（被邀请单位名称）：

你单位已通过资格预审，现邀请你单位按招标文件规定的内容，参加<u>　　　　</u>（项目名称）<u>　　</u>标段施工监理投标。

请你单位于<u>　　</u>年<u>　</u>月<u>　</u>日至<u>　　</u>年<u>　</u>月<u>　</u>日，每日上午<u>　</u>时<u>　</u>分至<u>　</u>时<u>　</u>分，下午<u>　</u>时<u>　</u>分至<u>　</u>时<u>　</u>分（北京时间，下同），在<u>　　　　　</u>（详细地址）持本邀请书、单位介绍信及经办人身份证购买招标文件。

招标文件每套售价<u>　　　　</u>元，图纸每套售价<u>　　　　</u>元，售后不退[③]。

招标人将于下列时间和地点组织进行工程现场踏勘并召开投标预备会。

踏勘现场时间：<u>　　</u>年<u>　</u>月<u>　</u>日<u>　</u>时<u>　</u>分，集中地点：<u>　　　　</u>；

投标预备会时间：<u>　　</u>年<u>　</u>月<u>　</u>日<u>　</u>时<u>　</u>分，地点：<u>　　　　</u>。

投标文件递交的截止时间（投标截止时间，下同）为<u>　　</u>年<u>　</u>月<u>　</u>日<u>　</u>时<u>　</u>分[④]，投标人应于当日<u>　</u>时<u>　</u>分至<u>　</u>时<u>　</u>分将投标文件递交至<u>　　　　</u>（详细地址）。

逾期送达的、未送达指定地点的或不按照招标文件要求密封的投标文件，招标人将予以拒收。

你单位收到本邀请书后，请于<u>　　</u>年<u>　</u>月<u>　</u>日<u>　</u>时<u>　</u>分前，以书面形式确认是否参加投标。在本邀请书规定的时间内未表示是否参加投标或明确表示不参加投标的，不得再参加投标。

[①] 招标人可根据项目具体特点和实际需要对本章内容进行补充、细化，但应遵守《中华人民共和国招标投标法》等有关法律法规的规定。
[②] 招标人应自招标文件开始发售之日起，将招标文件的关键内容上传至具有招标监督职责的交通运输主管部门政府网站或其指定的其他网站上进行公开，公开内容包括项目概况、对投标人的全部资格条件要求、评标办法全文、招标人联系方式等。
[③] 每套招标文件售价只计工本费，最高不超过1000元（不含图纸部分）；图纸每套售价最高不超过3000元。招标人若不提供图纸，应提供满足投标人编制技术建议书需要的参考资料。
[④] 依法必须进行招标的公路工程，自招标文件开始发售之日起至投标人递交投标文件截止之日止，不得少于20日。

第一章 投标邀请书（代资格预审通过通知书）

招 标 人：_____	招标代理机构：_____
地　　址：_____	地　　址：_____
邮政编码：_____	邮政编码：_____
联 系 人：_____	联 系 人：_____
电　　话：_____	电　　话：_____
传　　真：_____	传　　真：_____
电子邮件：_____	电子邮件：_____
网　　址：_____	网　　址：_____
开户银行：_____	开户银行：_____
账　　号：_____	账　　号：_____

_____年___月___日

附件　确认通知

确 认 通 知

_____（招标人名称）：

  我方已于_____年___月___日收到你方_____年___月___日发出的_____（项目名称）____标段施工监理招标的投标邀请书，并确认_____（参加/不参加）投标。

  特此确认。

被邀请单位名称：_____（盖单位章）

_____年___月___日

第二章　投标人须知

第二章　统计学基础

第二章 投标人须知

投标人须知前附表[①]

条款号	条款名称	编列内容
1.1.2	招标人	名　称： 地　址： 联系人： 电　话：
1.1.3	招标代理机构	名　称： 地　址： 联系人： 电　话：
1.1.4	招标项目名称	
1.1.5	标段建设地点	
1.1.6	标段建设规模	
1.1.7	招标项目施工预计开工日期和建设周期	
1.1.8	建筑安装工程费/工程概算投资额	
1.2.1	资金来源及比例	
1.2.2	资金落实情况	
1.3.1	招标范围	□总监理工程师办公室 □驻地监理工程师办公室 □其他：_____
1.3.2	监理服务期限	监理服务期：_____日历天 其中： 　施工期(含施工准备期)：_____日历天 　缺陷责任期：_____日历天
1.3.3	质量要求[②]	
1.3.4	安全目标[③]	

[①] a."投标人须知前附表"用于进一步明确正文中的未尽事宜，由招标人根据招标项目具体特点和实际需要编制和填写，且应与招标文件中其他章节相衔接，并不得与本章正文内容相抵触。
　　b."投标人须知前附表"中的附录表格同属"投标人须知前附表"内容，具有同等效力。
[②] 招标人应根据招标项目具体特点和实际需要，对工程施工监理服务质量提出目标要求。
[③] 招标人应根据招标项目具体特点和实际需要，对工程施工监理过程中的人员安全提出目标要求。

续上表

条款号	条款名称	编列内容
1.4.1①	投标人资质条件、能力和信誉	资质要求:见附录1 业绩要求:见附录2 信誉要求:见附录3 总监理工程师或驻地监理工程师资格:见附录4 其他要求:②
1.4.2③	是否接受联合体投标	□不接受 □接受,应满足下列要求: (1)联合体所有成员数量不得超过____家; (2)联合体牵头人应具有_____资质; ……
1.4.3	投标人不得存在的其他关联情形	
1.4.4	投标人不得存在的其他不良状况或不良信用记录	
1.10.2	投标人在投标预备会前提出问题	时间: 形式:
2.1	构成招标文件的其他资料	
2.2.1	投标人要求澄清招标文件	时间:____年___月___日___时___分 形式:
2.2.2	招标文件澄清发出的形式	
2.2.3	投标人确认收到招标文件澄清	时间:收到澄清后____小时内(以发出时间为准) 形式:
2.3.1	招标文件修改发出的形式	
2.3.2	投标人确认收到招标文件修改	时间:收到修改后____小时内(以发出时间为准) 形式:
3.1.1	构成投标文件的其他资料	
3.2.1	增值税税金的计算方法	

---

① 本项适用于未进行资格预审的情况。
② 对于特别复杂的特大桥梁和特长隧道项目主体工程以及其他有特殊要求的工程,招标人还可增加附录5对投标人的其他主要监理人员提出要求。
③ 本项适用于未进行资格预审的情况。

第二章 投标人须知

续上表

条款号	条款名称	编列内容
3.2.3	报价方式	□总价 □单价
3.2.4	最高投标限价	□无 □有，最高投标限价＿＿＿＿元（其中含暂列金额＿＿＿＿元）
3.2.5	投标报价的其他要求	
3.3.1	投标有效期	自投标人提交投标文件截止之日起计算＿＿＿日
3.4.1	投标保证金	是否要求投标人递交投标保证金： □要求，投标保证金的金额：＿＿＿＿＿＿① 　　投标保证金可采用的其他形式：＿＿＿＿② 　　招标人指定的开户银行及账号如下： 账户名称：＿＿＿＿＿＿ 开户银行：＿＿＿＿＿＿ 账　　号：＿＿＿＿＿＿ 　　采用银行保函时，出具保函的银行级别：＿＿＿＿＿＿ □不要求
3.4.3	投标保证金的利息计算原则	(1)计算利息的起始日期为投标截止当日，终止日期为招标人退还投标保证金日期的前一日； (2)投标保证金的利息按照第(1)款所述计息时间段内招标人指定汇入银行公告的活期存款利率计付，并扣除招标人汇款手续费； (3)利息金额计算至分位，分以下尾数四舍五入
3.4.4	其他可以不予退还投标保证金的情形	
3.5③	资格审查资料的特殊要求	□无 □有，具体要求：
3.5.2④	近年完成的类似项目情况的时间要求	＿＿＿＿年＿＿月＿＿日至＿＿＿＿年＿＿月＿＿日
3.6.1	是否允许递交备选投标方案	□不允许 □允许

① 招标人可根据招标项目所在地省级交通运输主管部门的有关规定，对信用等级高的投标人，给予减免投标保证金金额的优惠。
② 招标人不得强制限定投标保证金必须采用现金或支票方式缴纳，不得拒绝银行保函形式的投标保证金。
③ 本项适用于未进行资格预审的情况。
④ 本项适用于未进行资格预审的情况。

续上表

条款号	条款名称	编列内容
3.7.4	投标文件副本份数及其他要求	投标文件副本份数： 是否要求提交电子版文件： 其他要求：
3.7.5	装订的其他要求	
4.1.2	封套上应载明的信息	**投标文件第一个信封(商务及技术文件)封套：** 招标人名称：_____ 招标人地址：_____ _____(项目名称)_____标段施工监理招标第一个信封(商务及技术文件)投标文件 招标项目编号：_____ 在____年___月___日____时____分前不得开启 投标人名称：_____ **投标文件第二个信封(报价文件)封套：** 招标人名称：_____ 招标人地址：_____ _____(项目名称)_____标段施工监理招标第二个信封(报价文件)投标文件 招标项目编号：_____ 在投标文件第二个信封(报价文件)开标前不得开启 投标人名称：_____ 投标人地址：_____ **银行保函封套：** 招标人名称：_____ 招标人地址：_____ _____(项目名称)_____标段施工监理招标投标保证金(银行保函原件) 招标项目编号：_____ 投标人名称：_____
4.2.3	是否退还投标文件	□否 □是，退还时间：
5.1	开标时间和地点	投标文件第一个信封(商务及技术文件)开标时间：同投标截止时间 投标文件第一个信封(商务及技术文件)开标地点：同递交投标文件地点 投标文件第二个信封(报价文件)开标时间：_____ 投标文件第二个信封(报价文件)开标地点：_____

第二章 投标人须知

续上表

条款号	条款名称	编列内容
5.2.1	第一个信封(商务及技术文件)开标程序	(4)密封情况检查:<u>检查商务及技术文件是否存在提前开启情况</u> (5)开标顺序:_____
5.2.3	第二个信封(报价文件)开标程序	(4)密封情况检查:<u>检查报价文件是否存在提前开启情况</u> (5)开标顺序:_____
6.1.1	评标委员会的组建①	评标委员会构成:____人,其中招标人代表____人,专家____人; 评标专家确定方式:依法从相应评标专家库中随机抽取
6.3.2	评标委员会推荐中标候选人的人数	
7.1	中标候选人公示媒介及期限	公示媒介: 公示期限:_____日 公示的其他内容:_____
7.4	是否授权评标委员会确定中标人	□是 □否
7.5	中标通知书和中标结果通知发出的形式	
7.6	中标结果公告媒介及期限	公告媒介: 公告期限:_____日
7.7.1	履约保证金	是否要求中标人提交履约保证金: □要求,履约保证金的形式:<u>银行保函或现金、支票形式</u>② 履约保证金的金额:_____%签约合同价,被_____交通运输主管部门评为_____信用等级的中标人,履约保证金金额为_____%签约合同价③ 采用银行保函时,出具保函的银行级别:_____ □不要求

---

① 评标委员会应由招标人代表和有关方面的专家组成,人数为5人以上单数,其中技术、经济专家人数应不少于成员总数的三分之二。
② 招标人不得强制限定履约保证金必须采用现金或支票方式缴纳,不得拒绝银行保函形式的履约保证金。
③ 招标人可根据招标项目所在地省级交通运输主管部门的有关规定,对信用等级高的投标人,给予减少履约保证金金额的优惠。

续上表

条款号	条款名称	编列内容
8.5.1	监督部门	监督部门：_____ 地　　址：_____ 电　　话：_____ 传　　真：_____ 邮政编码：_____
9	是否采用电子招标投标	☐否 ☐是,具体要求：
需要补充的其他内容		

附录 1　资格审查条件(资质最低要求)[①]

监理企业资质等级要求

[①] 具体资质要求由招标人在满足国家相关法律法规前提下,根据招标项目具体特点和实际情况确定。

附录2 资格审查条件(业绩最低要求)[①]

业 绩 要 求

[①] 具体业绩要求由招标人在满足国家相关法律法规前提下,根据招标项目具体特点和实际情况确定,但不得设置过高的业绩资格条件。

附录3 资格审查条件(信誉最低要求)[①]

信 誉 要 求

[①] 具体信誉要求由招标人在满足国家相关法律法规前提下,根据招标项目具体特点和实际情况确定,但不得与"投标人须知"第1.4.4项规定的内容重复。

附录4 资格审查条件（总监理工程师或驻地监理工程师最低要求）[①]

人　员	数　量	资　格　要　求	在　岗　要　求
总监理工程师			无在岗项目（指目前未在其他项目上任职，或虽在其他项目上任职但本项目中标后能够从该项目撤离）
驻地监理工程师			

[①] 对总监理工程师或驻地监理工程师的具体资格要求由招标人在满足国家相关法律法规前提下，根据招标项目具体特点和实际情况确定，但不得设置过高的资格条件。

附录5 资格审查条件(其他主要监理人员最低要求)[①]

人　员	数　量	资　格　要　求

---

① 本表仅适用于特别复杂的特大桥梁和特长隧道项目主体工程以及其他有特殊要求的工程。对其他主要监理人员的岗位、数量及资格条件要求,由招标人在满足国家相关法律法规和《公路工程施工监理规范》前提下,根据招标项目具体特点和实际情况确定,但不得设置过高的人员数量和资格条件。

1. 总则

1.1 项目概况

1.1.1 根据《中华人民共和国招标投标法》《中华人民共和国招标投标法实施条例》《公路工程建设项目招标投标管理办法》等有关法律、法规和规章的规定，本招项目已具备招标条件，现对本标段施工监理进行招标。

1.1.2 本招标项目招标人：见投标人须知前附表。

1.1.3 本标段招标代理机构：见投标人须知前附表。

1.1.4 本招标项目名称：见投标人须知前附表。

1.1.5 本标段建设地点：见投标人须知前附表。

1.1.6 本标段建设规模：见投标人须知前附表。

1.1.7 招标项目施工预计开工日期和建设周期：见投标人须知前附表。

1.1.8 建筑安装工程费/工程概算投资额：见投标人须知前附表。

1.2 招标项目的资金来源和落实情况

1.2.1 资金来源及比例：见投标人须知前附表。

1.2.2 资金落实情况：见投标人须知前附表。

1.3 招标范围、监理服务期限、质量要求和安全目标

1.3.1 招标范围：见投标人须知前附表。

1.3.2 本标段的监理服务期限：见投标人须知前附表。

1.3.3 本标段的质量要求：见投标人须知前附表。

1.3.4 本标段的安全目标：见投标人须知前附表。

1.4 投标人资格要求（适用于已进行资格预审的）

投标人应是收到招标人发出投标邀请书的单位。

1.4 投标人资格要求（适用于未进行资格预审的）

1.4.1 投标人应具备承担本标段施工监理的资质条件、能力和信誉。

（1）资质要求：见投标人须知前附表；

（2）业绩要求：见投标人须知前附表；

（3）信誉要求：见投标人须知前附表；

（4）总监理工程师或驻地监理工程师资格：见投标人须知前附表；

（5）其他要求：见投标人须知前附表。

需要提交的相关证明材料见本章第3.5款的规定。

1.4.2 投标人须知前附表规定接受联合体投标的，联合体除应符合本章第1.4.1

项和投标人须知前附表的要求外，还应遵守以下规定：

（1）联合体各方应按招标文件提供的格式签订联合体协议书，明确联合体牵头人和各方权利义务，并承诺就中标项目向招标人承担连带责任；

（2）由同一专业的单位组成的联合体，按照资质等级较低的单位确定资质等级；

（3）联合体各方不得再以自己名义单独或参加其他联合体在同一标段中投标；

（4）联合体各方应分别按照本招标文件的要求，填写投标文件中的相应表格，并由联合体牵头人负责对联合体各成员的资料进行统一汇总后一并提交给招标人；联合体牵头人所提交的投标文件应认为已代表了联合体各成员的真实情况；

（5）尽管委任了联合体牵头人，但联合体各成员在投标、签订合同与履行合同过程中，仍负有连带的和各自的法律责任。

1.4.3 投标人（包括联合体各成员）不得与本标段相关单位存在下列关联情形：

（1）为招标人不具有独立法人资格的附属机构（单位）；

（2）与招标人存在利害关系且可能影响招标公正性；

（3）与本标段的其他投标人同为一个单位负责人；

（4）与本标段的其他投标人存在控股、管理关系；

（5）为本标段的代建人；

（6）为本标段的招标代理机构；

（7）与本标段的代建人或招标代理机构同为一个法定代表人；

（8）与本标段的代建人或招标代理机构存在控股或参股关系；

（9）与本标段对应工程的施工承包人以及建筑材料、建筑构配件和设备供应商有隶属关系或其他利害关系；

（10）法律法规或投标人须知前附表规定的其他情形。

1.4.4 投标人（包括联合体各成员）不得存在下列不良状况或不良信用记录：

（1）被省级及以上交通运输主管部门取消招标项目所在地的投标资格且处于有效期内；

（2）被责令停业，暂扣或吊销执照，或吊销资质证书；

（3）进入清算程序，或被宣告破产，或其他丧失履约能力的情形；

（4）在国家企业信用信息公示系统（http://www.gsxt.gov.cn/）中被列入严重违法失信企业名单；

（5）在"信用中国"网站（http://www.creditchina.gov.cn/）中被列入失信被执行人名单；

（6）投标人或其法定代表人、拟委任的总监理工程师或驻地监理工程师在近三年内有行贿犯罪行为的（行贿犯罪行为的认定以检察机关职务犯罪预防部门出具的查询结果为准）；

（7）法律法规或投标人须知前附表规定的其他情形。

1.4.5 投标人（包括联合体各成员）应进入交通运输部"全国公路建设市场信用信

息管理系统(http://glxy.mot.gov.cn)"中的公路工程施工监理资质企业名录,且投标人名称和资质与该名录中的相应企业名称和资质完全一致。投标人不满足本项规定条件的,将被否决投标。[①]

1.5 费用承担

投标人准备和参加投标活动发生的费用自理。

1.6 保密

参与招标投标活动的各方应对招标文件和投标文件中的商业和技术等秘密保密,否则应承担相应的法律责任。

1.7 语言文字

招标投标文件使用的语言文字为中文。专用术语使用外文的,应附有中文注释。

1.8 计量单位

所有计量均采用中华人民共和国法定计量单位。

1.9 踏勘现场

1.9.1 第一章"招标公告"或"投标邀请书"规定组织踏勘现场的,招标人按规定的时间、地点组织投标人踏勘项目现场。部分投标人未按时参加踏勘现场的,不影响踏勘现场的正常进行。招标人不得组织单个或部分投标人踏勘项目现场。

1.9.2 投标人踏勘现场发生的费用自理。

1.9.3 除招标人的原因外,投标人自行负责在踏勘现场中所发生的人员伤亡和财产损失。

1.9.4 招标人在踏勘现场中介绍的工程场地和相关的周边环境情况,供投标人在编制投标文件时参考,招标人不对投标人据此作出的判断和决策负责。

1.10 投标预备会

1.10.1 第一章"招标公告"或"投标邀请书"规定召开投标预备会的,招标人按规定的时间和地点召开投标预备会,澄清投标人提出的问题。

1.10.2 投标人应按投标人须知前附表规定的时间和形式将提出的问题送达招标人,以便招标人在会议期间澄清。

1.10.3 投标预备会后,招标人将对投标人所提问题的澄清,以本章第2.2款规定的形式通知所有购买招标文件的投标人。该澄清内容为招标文件的组成部分。

[①] 本项规定仅适用于根据《关于发布公路工程从业企业资质名录的通知》(厅公路字〔2011〕114号)要求,招标人应通过名录对投标人资质条件进行审核的公路施工监理企业。

1.11 分包

本项目严禁分包。

1.12 响应和偏差

1.12.1 投标文件偏离招标文件某些要求,视为投标文件存在偏差。偏差包括重大偏差和细微偏差。

1.12.2 投标文件应对招标文件的实质性要求和条件作出满足性或更有利于招标人的响应,否则,视为投标文件存在重大偏差,投标人的投标将被否决。

投标文件存在第三章"评标办法"中所列任一否决投标情形的,均属于存在重大偏差。

1.12.3 投标文件中的下列偏差为细微偏差:

(1)在按照第三章"评标办法"的规定对投标价进行算术性错误修正后,最终投标报价未超过最高投标限价(如有)的情况下,出现第三章"评标办法"规定的算术性错误;

(2)技术建议书不够完善;

(3)投标文件页码不连续、采用活页夹装订、个别文字有遗漏错误等不影响投标文件实质性内容的偏差。

1.12.4 评标委员会对投标文件中的细微偏差按如下规定处理:

(1)对于本章第1.12.3项(1)目所述的细微偏差,按照第三章"评标办法"的规定予以修正并要求投标人进行澄清;

(2)对于本章第1.12.3项(2)、(3)目所述的细微偏差,可在相关评分因素的评分中酌情扣分。

1.12.5 投标人应根据招标文件的要求提供技术建议书等内容以对招标文件作出响应。

2. 招标文件

2.1 招标文件的组成

本招标文件包括:

(1)招标公告(或投标邀请书);
(2)投标人须知;
(3)评标办法;
(4)合同条款及格式;
(5)委托人要求;
(6)图纸和资料;
(7)投标文件格式;

(8) 投标人须知前附表规定的其他资料。

根据本章第1.10款、第2.2款和第2.3款对招标文件所作的澄清、修改，构成招标文件的组成部分。

当招标文件、招标文件的澄清或修改等在同一内容的表述上不一致时，以最后发出的书面文件为准。

2.2 招标文件的澄清

2.2.1 投标人应仔细阅读和检查招标文件的全部内容。如发现缺页或附件不全，应及时向招标人提出，以便补齐。如有疑问，应按投标人须知前附表规定的时间和形式将提出的问题送达招标人，要求招标人对招标文件予以澄清。

2.2.2 招标文件的澄清以投标人须知前附表规定的形式发给所有购买招标文件的投标人，但不指明澄清问题的来源。澄清发出的时间距本章第4.2.1项规定的投标截止时间不足15日，且澄清内容可能影响投标文件编制的，将相应延长投标截止时间。

2.2.3 投标人在收到澄清后，应按投标人须知前附表规定的时间和形式通知招标人，确认已收到该澄清。

2.2.4 除非招标人认为确有必要答复，否则，招标人有权拒绝回复投标人在本章第2.2.1项规定的时间后提出的任何澄清要求。

2.3 招标文件的修改

2.3.1 招标人以投标人须知前附表规定的形式修改招标文件，并通知所有已购买招标文件的投标人。修改招标文件的时间距本章第4.2.1项规定的投标截止时间不足15日，且修改内容可能影响投标文件编制的，将相应延长投标截止时间。

2.3.2 投标人收到修改内容后，应按投标人须知前附表规定的时间和形式通知招标人，确认已收到该修改。

2.4 招标文件的异议

投标人或其他利害关系人对招标文件有异议的，应在投标截止时间10日前以书面形式提出。招标人将在收到异议之日起3日内作出答复；作出答复前，将暂停招标投标活动。

3. 投标文件

3.1 投标文件的组成

3.1.1 投标文件应采用双信封形式，包括下列内容：

第一个信封（商务及技术文件）：

（1）投标函；

（2）授权委托书或法定代表人身份证明；

（3）联合体协议书；

（4）投标保证金；

（5）资格审查资料；

（6）技术建议书；

（7）投标人须知前附表规定的其他资料。

第二个信封（报价文件）：

（1）投标函；

（2）监理服务费用清单。

投标人在评标过程中作出的符合法律法规和招标文件规定的澄清确认，构成投标文件的组成部分。

3.1.2 投标人须知前附表规定不接受联合体投标的，或投标人没有组成联合体的，投标文件不包括本章第3.1.1(3)目所指的联合体协议书。

3.1.3 投标人须知前附表未要求提交投标保证金的，投标文件不包括本章第3.1.1(4)目所指的投标保证金。

3.2 投标报价

3.2.1 投标报价应包括国家规定的增值税税金，除投标人须知前附表另有规定外，增值税税金按一般计税方法计算。投标人应按第七章"投标文件格式"的要求在投标函中进行报价并填写监理服务费用清单相应表格。

3.2.2 投标人应充分了解本项目的总体情况以及影响投标报价的其他要素，按照招标文件规定的施工监理工作内容和计划工作量，自行测算监理服务费用。投标报价应涵盖投标人完成施工准备阶段、施工阶段、验收与缺陷责任期阶段监理工作所需的全部费用。

投标人应按照"投标文件格式"中"监理服务费用清单"的要求填报监理服务费。投标人未填报的部分，在工程实施时委托人将不予支付，并认为该部分费用已包含在报价中。

3.2.3 本项目的报价方式见投标人须知前附表。投标人在投标截止时间前修改投标函中的投标报价总额，应同时修改投标文件"监理服务费用清单"中的相应报价。此修改须符合本章第4.3款的有关要求。

3.2.4 招标人设有最高投标限价的，投标人的投标报价不得超过最高投标限价，最高投标限价在投标人须知前附表中载明。

3.2.5 投标报价的其他要求见投标人须知前附表。

3.3 投标有效期

3.3.1 除投标人须知前附表另有规定外，投标有效期为90日。

3.3.2 在投标有效期内，投标人撤销投标文件的，应承担招标文件和法律规定的责任。

3.3.3 出现特殊情况需要延长投标有效期的,招标人以书面形式通知所有投标人延长投标有效期。投标人应予以书面答复,同意延长的,应相应延长其投标保证金的有效期,但不得要求或被允许修改其投标文件;投标人拒绝延长的,其投标失效,但投标人有权收回其投标保证金及以现金或支票形式递交的投标保证金的银行同期活期存款利息。

3.4 投标保证金

3.4.1 投标人在递交投标文件的同时,应按投标人须知前附表规定的金额[①]和第七章"投标文件格式"规定的投标保证金格式递交投标保证金,并作为其投标文件的组成部分。联合体投标的,其投标保证金由牵头人递交,并应符合投标人须知前附表的规定。

投标保证金应采用现金、支票、银行保函或招标人在投标人须知前附表规定的其他形式。

(1)若采用现金或支票,投标人应在递交投标文件截止时间之前,将投标保证金由投标人的基本账户转入招标人指定账户,否则视为投标保证金无效。招标人指定的开户银行及账号见投标人须知前附表。

(2)若采用银行保函,则应由符合投标人须知前附表规定级别的银行开具,并采用招标文件提供的格式。银行保函复印件装订在投标文件内,原件应在递交投标文件截止时间之前单独密封递交给招标人。

无论采取何种形式的投标保证金,投标保证金有效期均应与投标有效期一致。招标人如果按本章第3.3.3项的规定延长了投标有效期,则投标保证金的有效期也相应延长。

3.4.2 投标人不按本章第3.4.1项要求提交投标保证金的,评标委员会将否决其投标。

3.4.3 招标人最迟将在中标通知书发出后5日内向中标候选人以外的其他投标人退还投标保证金,与中标人签订合同后5日内向中标人和其他中标候选人退还投标保证金。投标保证金以现金或支票形式递交的,招标人应同时退还投标保证金的银行同期活期存款利息,且退还至投标人的基本账户。

利息计算原则见投标人须知前附表。

3.4.4 有下列情形之一的,投标保证金将不予退还:

(1)投标人在投标有效期内撤销投标文件;

(2)中标人在收到中标通知书后,无正当理由不与招标人订立合同,在签订合同时向招标人提出附加条件,或不按照招标文件要求提交履约保证金;

(3)发生投标人须知前附表规定的其他可以不予退还投标保证金的情形。

[①] 投标保证金不得超过招标标段估算价的2%,招标人应据此测算出具体金额。

3.5 资格审查资料(适用于已进行资格预审的)

3.5.1 投标人在递交投标文件前,发生可能影响其投标资格的新情况的,应在投标文件中更新或补充其在申请资格预审时提供的资料,以证实其各项资格条件仍能继续满足资格预审文件的要求。

3.5.2 如果投标人在投标阶段发生合并、分立、破产等重大变化,或发生重大安全或质量事故,或由于其他任何情况,导致投标人不再具备资格预审文件规定的各项资格条件或其投标影响招标公正性时,投标人必须在其投标文件中对上述情况进行如实说明,否则,招标人一经查实,将视为投标人弄虚作假,其投标将被否决。

3.5.3 招标人有权核查投标人在资格预审申请文件和投标文件中提供的资料,若在评标期间发现投标人提供了虚假资料,其投标将被否决;若在签订合同前发现作为中标候选人的投标人提供了虚假资料,招标人有权取消其中标资格;若在合同实施期间发现投标人提供了虚假资料,招标人有权从合同价款或履约保证金中扣除不超过5%签约合同价的金额作为违约金。同时招标人将投标人上述弄虚作假行为上报省级交通运输主管部门,作为不良记录纳入公路建设市场信用信息管理系统。

3.5 资格审查资料(适用于未进行资格预审的)

除投标人须知前附表另有规定外,投标人应按下列规定提供资格审查资料,以证明其满足本章第1.4款规定的资质、业绩、信誉等要求。

3.5.1 "投标人基本情况表"应附企业法人营业执照副本和组织机构代码证副本(按照"三证合一"或"五证合一"登记制度进行登记的,可仅提供营业执照副本,下同)、监理资质证书副本、基本账户开户许可证的复印件[①],投标人在交通运输部"全国公路建设市场信用信息管理系统"公路工程施工监理资质企业名录中的网页截图复印件,以及投标人在国家企业信用信息公示系统中基础信息(体现股东及出资详细信息)的网页截图或由法定的社会验资机构出具的验资报告或注册地工商部门出具的股东出资情况证明复印件。

企业法人营业执照副本和组织机构代码证副本、监理资质证书副本、基本账户开户许可证的复印件应提供全本(证书封面、封底、空白页除外),应包括投标人名称、投标人其他相关信息、颁发机构名称、投标人信息变更情况等关键页在内,并逐页加盖投标人单位章。

3.5.2 "近年完成的类似项目"应是已列入交通运输主管部门"公路建设市场信用信息管理系统"并公开的业绩,具体时间要求见投标人须知前附表。

"近年完成的类似项目情况表"应附在交通运输部"全国公路建设市场信用信息管理系统"(网址:http://glxy.mot.gov.cn/BM/)[②]中查询到的企业"业绩信息"相关项目网

[①] 招标文件中要求投标人提供的各类证照复印件均指彩色扫描件或彩色复印件,其他资料的复印件可为黑白扫描件或黑白复印件。

[②] 由于交通运输部"全国公路建设市场信用信息管理系统"正在调试,监理单位业绩、监理单位主要人员业绩及其他相关信息暂时在交通运输部"公路水运建设质量与安全监督系统"(http://111.205.85.34:8070/rwqss/index.html)中查询。

页截图复印件。在交通运输部"全国公路建设市场信用信息管理系统"中无法查询,但可在省级交通运输主管部门"公路建设市场信用信息管理系统"中查询的,应附省级交通运输主管部门"公路建设市场信用信息管理系统"中查询到的网页截图复印件并注明查询路径。除网页截图复印件外,投标人无须再提供任何业绩证明材料。

如投标人未提供相关项目网页截图复印件或相关项目网页截图中的信息无法证实投标人满足招标文件规定的资格审查条件(业绩最低要求),则该项目业绩不予认定。

3.5.3 "投标人的信誉情况表"应附投标人在国家企业信用信息公示系统中未被列入严重违法失信企业名单、在"信用中国"网站中未被列入失信被执行人名单的网页截图复印件,以及由项目所在地或投标人住所地检察机关职务犯罪预防部门出具的近三年内投标人及其法定代表人、拟委任的总监理工程师或驻地监理工程师均无行贿犯罪行为的查询记录证明原件。

3.5.4 "拟委任的总监理工程师或驻地监理工程师资历表"应附总监理工程师或驻地监理工程师的身份证、职称资格证书和资格审查条件所要求的其他相关证书(如公路工程监理工程师证书等)的复印件,以及投标人所属社保机构出具的拟委任的总监理工程师或驻地监理工程师的社保缴费证明或其他能够证明拟委任的总监理工程师或驻地监理工程师参加社保的有效证明材料复印件。

"拟委任的总监理工程师或驻地监理工程师资历表"还应附交通运输部"全国公路建设市场信用信息管理系统"中载明的、能够证明总监理工程师或驻地监理工程师具有相关业绩的网页截图复印件。在交通运输部"全国公路建设市场信用信息管理系统"中无法查询,但可在省级交通运输主管部门"公路建设市场信用信息管理系统"中查询的,应附省级交通运输主管部门"公路建设市场信用信息管理系统"中查询到的网页截图复印件并注明查询路径。除网页截图复印件外,投标人无须再提供任何业绩证明材料。如投标人未提供相关业绩网页截图复印件或相关业绩网页截图中的信息无法证实投标人满足招标文件规定的资格审查条件(总监理工程师或驻地监理工程师最低要求),则该业绩不予认定。

如总监理工程师或驻地监理工程师目前仍在其他项目上任职,则投标人应提供由该项目委托人出具的、承诺上述人员能够从该项目撤离的书面证明材料原件。

3.5.5 "拟委任的其他主要监理人员汇总表"(如有)应填报满足投标人须知前附表附录5规定的其他主要监理人员的相关信息。"拟委任的其他主要监理人员资历表"(如有)中相关人员应附身份证、职称资格证书和资格审查条件所要求的其他相关证书(如公路工程监理工程师证书等)的复印件,相关业绩证明材料复印件,以及投标人所属社保机构出具的社保缴费证明或其他能够证明其参加社保的有效证明材料复印件。

3.5.6 投标人须知前附表规定接受联合体投标的,本章第3.5.1项至第3.5.5项规定的表格和资料应包括联合体各方相关情况。

3.5.7 除合同条款约定的特殊情形外,投标人在投标文件中填报的总监理工程师或驻地监理工程师不允许更换。

3.5.8 投标人在投标文件中填报的资质、业绩、主要人员资历和目前在岗情况、信用等级等信息，应与其在交通运输主管部门"公路建设市场信用信息管理系统"上填报并发布的相关信息一致。投标人应根据本单位实际情况及时完成相关信息的申报、录入和动态更新，并对相关信息的真实性、完整性和准确性负责。

3.5.9 招标人有权核查投标人在投标文件中提供的资料，若在评标期间发现投标人提供了虚假资料，其投标将被否决；若在签订合同前发现作为中标候选人的投标人提供了虚假资料，招标人有权取消其中标资格；若在合同实施期间发现投标人提供了虚假资料，招标人有权从合同价款或履约保证金中扣除不超过5%签约合同价的金额作为违约金。同时招标人将投标人上述弄虚作假行为上报省级交通运输主管部门，作为不良记录纳入公路建设市场信用信息管理系统。

3.6 备选投标方案

3.6.1 除投标人须知前附表规定允许外，投标人不得递交备选投标方案，否则其投标将被否决。

3.6.2 允许投标人递交备选投标方案的，只有中标人所递交的备选投标方案方可予以考虑。评标委员会认为中标人的备选投标方案优于其按照招标文件要求编制的投标方案的，招标人可以接受该备选投标方案。

3.6.3 投标人提供两个或两个以上投标报价，或在投标文件中提供一个报价，但同时提供两个或两个以上技术建议书的，视为提供备选方案。

3.7 投标文件的编制

3.7.1 投标文件应按第七章"投标文件格式"进行编写，如有必要，可以增加附页，作为投标文件的组成部分。

3.7.2 投标文件应对招标文件有关监理服务期限、投标有效期、质量要求、安全目标、委托人要求、招标范围等实质性内容作出响应。

3.7.3 投标文件应用不褪色的材料书写或打印。投标文件格式中明确要求投标人法定代表人或其委托代理人签字之处，必须由相关人员亲笔签名，不得使用印章、签名章或其他电子制版签名代替；明确要求投标人加盖单位章之处，必须加盖单位章。其中，投标函及对投标文件的澄清和说明应加盖投标人单位章，或由投标人的法定代表人或其委托代理人签字。

如果投标文件由委托代理人签署，则投标人须提交授权委托书，授权委托书应按第七章"投标文件格式"的要求出具，并由法定代表人和委托代理人亲笔签名，不得使用印章、签名章或其他电子制版签名代替。

如果由投标人的法定代表人亲自签署投标文件，则投标人须提交法定代表人身份证明，身份证明应符合第七章"投标文件格式"的要求。

以联合体形式参与投标的，投标文件由联合体牵头人的法定代表人或其委托代理人按上述规定签署并加盖联合体牵头人单位章。法定代表人授权委托书或法定代表人身份证明须由联合体牵头人按上述规定出具。

投标文件应尽量避免涂改、行间插字或删除。如果出现上述情况,改动之处应由投标人的法定代表人或其授权的代理人签字或盖单位章。

3.7.4 投标文件正本一份,副本份数见投标人须知前附表。正本和副本的封面右上角上应清楚地标记"正本"或"副本"字样。投标人应根据投标人须知前附表要求提供电子版文件。当副本和正本不一致或电子版文件和纸质正本文件不一致时,以纸质正本文件为准。

3.7.5 投标文件的正本与副本应分别装订成册(A4纸幅),编制目录并逐页标注连续页码。投标文件不得采用活页夹装订,否则,招标人对由于投标文件装订松散而造成的丢失或其他后果不承担任何责任。装订的其他要求见投标人须知前附表。

4. 投标

4.1 投标文件的密封和标识

4.1.1 投标文件应采用双信封形式密封。投标文件第一个信封(商务及技术文件)以及第二个信封(报价文件)应单独密封包装。商务及技术文件的正本与副本应统一密封在一个封套中。报价文件的正本与副本以及投标文件电子版文件(如需要)应统一密封在另一个封套中。封套应加贴封条,并在封套的封口处加盖投标人单位章或由投标人的法定代表人或其委托代理人签字。

采用银行保函形式提交投标保证金的,银行保函原件应密封在单独的封套中。

4.1.2 投标文件第一个信封(商务及技术文件)、第二个信封(报价文件)以及银行保函封套上应写明的内容见投标人须知前附表。

4.1.3 未按本章第4.1.1项要求密封的投标文件,招标人将予以拒收。

4.2 投标文件的递交

4.2.1 投标人应在第一章"招标公告"或"投标邀请书"规定的投标截止时间前递交投标文件。

4.2.2 投标人递交投标文件的地点:见第一章"招标公告"或"投标邀请书"。

4.2.3 除投标人须知前附表另有规定外,投标人所递交的投标文件不予退还。投标人少于3个的,投标文件当场退还给投标人。

4.2.4 招标人收到投标文件后,向投标人出具签收凭证。

4.2.5 逾期送达的或未送达指定地点的投标文件,招标人将予以拒收。

4.3 投标文件的修改与撤回

4.3.1 在本章第4.2.1项规定的投标截止时间前,投标人可以修改或撤回已递交的投标文件,但应以书面形式通知招标人。

4.3.2 投标人修改或撤回已递交投标文件的书面通知应按照本章第3.7.3项的要求签字或盖章。招标人收到书面通知后,向投标人出具签收凭证。

4.3.3 投标人撤回投标文件的,招标人自收到投标人书面撤回通知之日起5日内退还已收取的投标保证金。

4.3.4 修改的内容为投标文件的组成部分。修改的投标文件应按照本章第3条、第4条的规定进行编制、密封、标记和递交,并标明"修改"字样。

5. 开标

5.1 开标时间和地点

招标人在本章第4.2.1项规定的投标截止时间(开标时间)和投标人须知前附表规定的地点对收到的投标文件第一个信封(商务及技术文件)公开开标,并邀请所有投标人的法定代表人或其委托代理人准时参加。

招标人在投标人须知前附表规定的时间和地点对投标文件第二个信封(报价文件)公开开标,并邀请所有投标人的法定代表人或其委托代理人准时参加。

投标人若未派法定代表人或委托代理人出席开标活动,视为该投标人默认开标结果。

5.2 开标程序

5.2.1 主持人按下列程序对投标文件第一个信封(商务及技术文件)进行开标:

(1)宣布开标纪律;

(2)公布在投标截止时间前递交投标文件的投标人数量;

(3)宣布开标人、唱标人、记录人等有关人员姓名;

(4)按照投标人须知前附表规定由投标人推选的代表检查投标文件的密封情况;

(5)按照投标人须知前附表规定的开标顺序当众开标,公布标段名称、投标人名称、投标保证金的递交情况、监理服务期限及其他内容,并记录在案;

(6)投标人代表、招标人代表、记录人等有关人员在开标记录上签字确认;

(7)开标结束。

5.2.2 在投标文件第一个信封(商务及技术文件)开标现场,投标文件第二个信封(报价文件)不予开封,由招标人密封保存。

5.2.3 招标人将按照本章第5.1款规定的时间和地点对投标文件第二个信封(报价文件)进行开标。主持人按下列程序进行开标:

(1)宣布开标纪律;

(2)当众拆开投标文件第一个信封(商务及技术文件)评审结果的密封袋,宣布通过投标文件第一个信封(商务及技术文件)评审的投标人名单;

(3)宣布开标人、唱标人、记录人等有关人员姓名;

（4）按照投标人须知前附表规定由投标人推选的代表检查投标文件的密封情况；

（5）按照投标人须知前附表规定的开标顺序当众开标，开标人只拆封通过投标文件第一个信封（商务及技术文件）评审的投标文件第二个信封（报价文件），公布标段名称、投标人名称、投标报价[①]及其他内容，并记录在案；

（6）计算并宣布评标基准价；

（7）将未通过投标文件第一个信封（商务及技术文件）评审的投标文件第二个信封（报价文件）退还给投标人；

（8）投标人代表、招标人代表、记录人等有关人员在开标记录上签字确认；

（9）开标结束。

5.2.4 在投标文件第二个信封（报价文件）开标现场，招标人将按第三章"评标办法"规定的原则计算并宣布评标基准价。若招标人发现投标文件出现以下任一情况，其投标报价将不再参加评标基准价的计算：

（1）未在投标函上填写投标总价；

（2）投标报价超出招标人公布的最高投标限价（如有）；

（3）投标报价的大写金额无法确定具体数值；

（4）投标函上填写的标段号与投标文件封套上标记的标段号不一致。

如果投标人认为某一标段的评标基准价计算有误，有权在开标现场提出，经招标人当场核实确认之后，可重新宣布评标基准价。开标现场宣布的评标基准价除计算有误经评标委员会修正外，在整个评标期间保持不变，不随任何因素发生变化。

5.2.5 在投标文件第一个信封（商务及技术文件）或第二个信封（报价文件）开标过程中，若招标人宣读的内容与投标文件不符，投标人有权在开标现场提出疑问，经招标人当场核查确认之后，可重新宣读其投标文件。若投标人现场未提出疑问，则认为投标人已确认招标人宣读的内容。

5.3 开标异议

投标人对开标有异议的，应在开标现场提出，招标人当场作出答复，并制作记录，有异议的投标人代表、招标人代表、记录人等有关人员在记录上签字确认。

6. 评标

6.1 评标委员会

6.1.1 评标由招标人依法组建的评标委员会负责。评标委员会由招标人或其委托的招标代理机构熟悉相关业务的代表，以及有关技术、经济等方面的专家组成。评标委员会成员人数以及技术、经济等方面专家的确定方式见投标人须知前附表。

---

① 若投标函中的投标价大小写金额不一致，应以大写金额为准。

6.1.2 评标委员会成员有下列情形之一的,应主动提出回避:

(1)为负责招标项目监督管理的交通运输主管部门的工作人员;

(2)与投标人法定代表人或其委托代理人有近亲属关系;

(3)为投标人的工作人员或退休人员;

(4)与投标人有其他利害关系,可能影响评标活动公正性;

(5)在与招标投标有关的活动中有过违法违规行为、曾受过行政处罚或刑事处罚。

6.1.3 评标过程中,评标委员会成员有回避事由、擅离职守或因健康等原因不能继续评标的,招标人有权更换。被更换的评标委员会成员作出的评审结论无效,由更换后的评标委员会成员重新进行评审。

6.2 评标原则

评标活动遵循公平、公正、科学和择优的原则。

6.3 评标

6.3.1 评标委员会按照第三章"评标办法"规定的方法、评审因素、标准和程序对投标文件进行评审。第三章"评标办法"没有规定的方法、评审因素和标准,不作为评标依据。

6.3.2 评标完成后,评标委员会应向招标人提交书面评标报告和中标候选人名单。评标委员会推荐中标候选人的人数见投标人须知前附表。

7. 合同授予

7.1 中标候选人公示

招标人在收到评标报告之日起3日内,按照投标人须知前附表规定的公示媒介和期限公示中标候选人,公示期不得少于3日,公示内容包括:

(1)中标候选人排序、名称、投标报价,对监理质量要求、安全目标和监理服务期限的响应情况;

(2)中标候选人在投标文件中承诺的总监理工程师或驻地监理工程师姓名、个人业绩、相关证书名称和编号;

(3)中标候选人在投标文件中填报的项目业绩;

(4)被否决投标的投标人名称、否决依据和原因;

(5)提出异议的渠道和方式;

(6)投标人须知前附表规定公示的其他内容。

7.2 评标结果异议

投标人或其他利害关系人对依法必须进行招标的项目的评标结果有异议的,应在中标候选人公示期间提出。招标人将在收到异议之日起3日内作出答复;作出答复前,将暂停招标投标活动。

7.3 中标候选人履约能力审查

中标候选人的经营、财务状况发生较大变化或存在违法行为,招标人认为可能影响其履约能力的,将在发出中标通知书前提请原评标委员会按照招标文件规定的标准和方法进行审查确认。

7.4 定标

按照投标人须知前附表的规定,招标人或招标人授权的评标委员会依法确定中标人。

7.5 中标通知

在本章第3.3款规定的投标有效期内,招标人以投标人须知前附表规定的形式向中标人发出中标通知书,同时将中标结果通知未中标的投标人。

7.6 中标结果公告

招标人在确定中标人之日起3日内,按照投标人须知前附表规定的公告媒介和期限公告中标结果,公告期不得少于3日。公告内容包括中标人名称、中标价。

7.7 履约保证金

7.7.1 在签订合同前,中标人应按投标人须知前附表规定的形式、金额和招标文件第四章"合同条款及格式"规定的或事先经过招标人书面认可的履约保证金格式向招标人提交履约保证金。除投标人须知前附表另有规定外,履约保证金为签约合同价的10%。联合体中标的,其履约保证金以联合体各方或联合体中牵头人的名义提交。

采用银行保函时,应由符合投标人须知前附表规定级别的银行开具,所需的费用由中标人承担,中标人应保证银行保函有效。

7.7.2 中标人不能按本章第7.7.1项要求提交履约保证金的,视为放弃中标,其投标保证金不予退还,给招标人造成的损失超过投标保证金数额的,中标人还应对超过部分予以赔偿。

7.8 签订合同

7.8.1 招标人和中标人应在中标通知书发出之日起30日内,根据招标文件和中标人的投标文件订立书面合同。中标人无正当理由拒签合同,在签订合同时向招标人提出附加条件,或不按照招标文件要求提交履约保证金的,招标人取消其中标资格,其投标保证金不予退还;给招标人造成的损失超过投标保证金数额的,中标人还应对超过部分予以赔偿。

7.8.2 发出中标通知书后,招标人无正当理由拒签合同,或在签订合同时向中标人提出附加条件的,招标人向中标人退还投标保证金;给中标人造成损失的,还应赔偿损失。

7.8.3 签约合同价的确定原则如下:

(1)按照评标办法规定对投标报价进行修正后,若修正后的最终投标报价小于开标时的投标函大写金额报价,则签订合同时以修正后的最终投标报价为准;

(2)按照评标办法规定对投标报价进行修正后,若修正后的最终投标报价大于开标时的投标函大写金额报价,则签订合同时以开标时的投标函大写金额报价为准,同时按比例修正相应子目的单价或合价。

7.8.4 联合体中标的,联合体各方应共同与招标人签订合同,就中标项目向招标人承担连带责任。

7.8.5 招标人和中标人在签订合同协议书的同时,须按照本招标文件规定的格式和要求签订廉政合同,明确双方在廉政建设方面的权利和义务以及应承担的违约责任。

8. 纪律和监督

8.1 对招标人的纪律要求

招标人不得泄露招标投标活动中应保密的情况和资料,不得与投标人串通损害国家利益、社会公共利益或他人合法权益。

8.2 对投标人的纪律要求

投标人不得相互串通投标或与招标人串通投标,不得向招标人或评标委员会成员行贿谋取中标,不得以他人名义投标或以其他方式弄虚作假骗取中标;投标人不得以任何方式干扰、影响评标工作。

8.3 对评标委员会成员的纪律要求

评标委员会成员不得收受他人的财物或其他好处,不得向他人透露对投标文件的评审和比较、中标候选人的推荐情况以及评标有关的其他情况。在评标活动中,评标委员会成员应客观、公正地履行职责,遵守职业道德,不得擅离职守,影响评标程序正常进行,不得使用第三章"评标办法"没有规定的评审因素和标准进行评标。

8.4 对与评标活动有关的工作人员的纪律要求

与评标活动有关的工作人员不得收受他人的财物或其他好处,不得向他人透露对投标文件的评审和比较、中标候选人的推荐情况以及评标有关的其他情况。在评标活动中,与评标活动有关的工作人员不得擅离职守,影响评标程序正常进行。

8.5 投诉

8.5.1 投标人或其他利害关系人认为招标投标活动不符合法律、行政法规规定的,可以自知道或应当知道之日起10日内向有关行政监督部门投诉。投诉应有明确的请求和必要的证明材料。

监督部门的联系方式见投标人须知前附表。

8.5.2 投标人或其他利害关系人对招标文件、开标和评标结果提出投诉的,应按照本章第2.4款、第5.3款和第7.2款的规定先向招标人提出异议。异议答复期间不计算在第8.5.1项规定的期限内。

9. 是否采用电子招标投标

本招标项目是否采用电子招标投标方式;见投标人须知前附表。

10. 需要补充的其他内容

10.1 自购买招标文件之日起,投标人应保证其提供的联系方式(电话、传真、电子邮件)一直有效,以便及时收到招标人发出的函件(招标文件的澄清、修改等),并应及时向招标人反馈信息,否则招标人不承担由此引起的一切后果。

需要补充的其他内容:见投标人须知前附表。

附件一　开标记录表①

_____（项目名称）_____标段施工监理第一个信封（商务及技术文件）
开标记录表

开标时间：_____年___月___日___时___分

序号	投标人	密封情况	投标保证金递交情况	监理服务期限	备注	投标人代表签名

招标人代表：_____　　　　　　　　　　　　　　记录人：_____

_____年___月___日

---

① 招标人可根据项目具体特点和实际情况进行修改。

_____(项目名称)_____标段施工监理第二个信封(报价文件)开标记录表

开标时间:_____年____月____日____时____分

序号	投标人	密封情况	投标报价（元）	是否超过最高投标限价	备注	投标人代表签名
招标人编制的最高投标限价(如有)						

招标人代表:_____ 记录人:_____

_____年____月____日

附件二　问题澄清通知

问题澄清通知

（编号：_____）

_____（投标人名称）：

　　_____（项目名称）_____标段施工监理招标的评标委员会,对你方的投标文件进行了仔细的审查,现需你方对下列问题以书面形式予以澄清或说明：

1.

2.

……

　　请将上述问题的澄清或说明于_____年___月___日___时___分前递交至_____（详细地址）或传真至_____（传真号码）或通过下载招标文件的电子招标交易平台上传。采用传真方式的,应在_____年___月___日___时___分前将原件递交至_____（详细地址）。

评标委员会授权的招标人或招标代理机构：_____（签字或盖单位章）

_____年___月___日

附件三　问题的澄清

问题的澄清

（编号：_____）

_____（项目名称）_____标段施工监理招标评标委员会：

问题澄清通知（编号：_____）已收悉，现澄清、说明如下：

1.

2.

……

上述问题澄清或说明，不改变我方投标文件的实质性内容，构成我方投标文件的组成部分。

　　　　　　　　　　投标人：_____（盖单位章）[①]
　　　　　　　　　　法定代表人或其委托代理人：_____（签字）

_____ 年 ___ 月 ___ 日

---

① 投标人仅须在投标文件的澄清或说明上加盖单位章，或由法定代表人或其委托代理人签字。

附件四　中标通知书

中标通知书

_____（中标人名称）：

你方于_____（投标日期）所递交的_____（项目名称）_____标段施工监理投标文件已被我方接受，被确定为中标人。

中标价：_____元。

监理服务期限：_____日历天。

质量要求：_____。

安全目标：_____。

总监理工程师或驻地监理工程师：_____（姓名）。

请你方在接到本通知书后的_____日内到_____（指定地点）与我方签订施工监理合同，并按招标文件第二章"投标人须知"第7.7款规定向我方提交履约保证金。

特此通知。

招标人：_____（盖单位章）

招标代理机构：_____（盖单位章）

____年___月___日

附件五　中标结果通知书

中标结果通知书

_____（未中标人名称）：

　　我方已接受_____（中标人名称）于_____（投标日期）所递交的_____（项目名称）____标段施工监理投标文件,确定_____（中标人名称）为中标人。

　　感谢你单位对招标项目的参与！

招标人：_____（盖单位章）

招标代理机构：_____（盖单位章）

_____年____月____日

附件六　确认通知

确 认 通 知

＿＿＿＿＿＿＿＿＿（招标人名称）：

你方于＿＿＿＿年＿＿月＿＿日发出的＿＿＿＿＿＿＿＿（项目名称）＿＿标段施工监理招标关于招标文件澄清/修改的通知（第＿＿号补遗书，正文共＿＿页），我方已于＿＿＿＿年＿＿月＿＿日收到。

特此确认。

投标人：＿＿＿＿＿＿＿＿＿（盖单位章）

＿＿＿＿年＿＿月＿＿日

第三章 评标办法

第三章　评标办法(综合评估法)

评标办法前附表[①]

条款号		评审因素与评审标准
1	评标方法	综合评分相等时,评标委员会依次按照以下优先顺序推荐中标候选人或确定中标人: (1)评标价低的投标人优先; (2)被_____交通运输主管部门评为较高信用等级的投标人优先; (3)商务和技术得分较高的投标人优先; (4)……
2.1.1 2.1.3	形式评审与响应性评审标准	**第一个信封(商务及技术文件)评审标准:** (1)投标文件按照招标文件规定的格式、内容填写,字迹清晰可辨: 　a.投标函按招标文件规定填报了项目名称、标段号、补遗书编号(如有)、监理服务期限、工程质量要求及安全目标; 　b.投标文件组成齐全完整,内容均按规定填写。 (2)投标文件上法定代表人或其委托代理人的签字、投标人的单位章盖章齐全,符合招标文件规定。 (3)与申请资格预审时比较,投标人发生合并、分立、破产等重大变化的,仍具备资格预审文件规定的相应资格条件且其投标未影响招标公正性: 　a.投标人应提供相关部门的合法批件及企业法人营业执照和资质证书等证件的副本变更记录复印件; 　b.投标人仍然满足资格预审文件中规定的资格预审条件最低要求(资质、业绩、人员、信誉等); 　c.与所投标段的其他投标人不存在控股、管理关系或单位负责人为同一人的情况;与招标人也不存在利害关系并可能影响招标公正性。 (4)投标人按照招标文件的规定提供了投标保证金: 　a.投标保证金金额符合招标文件规定的金额,且投标保证金有效期不少于投标有效期;

[①] "评标办法前附表"用于明确评标的方法、因素、标准和程序。招标人应根据招标项目具体特点和实际需要,详细列明全部评审因素、标准,没有列明的因素和标准不得作为评标的依据。

续上表

条款号		评审因素与评审标准
2.1.1 2.1.3	形式评审与响应性评审标准	b.若投标保证金采用现金或支票形式提交,投标人应在递交投标文件截止时间之前,将投标保证金由投标人的基本账户转入招标人指定账户; c.若投标保证金采用银行保函形式提交,银行保函的格式、开具保函的银行均满足招标文件要求,且在递交投标文件截止时间之前向招标人提交了银行保函原件。 (5)投标人法定代表人授权委托代理人签署投标文件的,须提交授权委托书,且授权人和被授权人均在授权委托书上签名,未使用印章、签名章或其他电子制版签名代替。 (6)投标人法定代表人亲自签署投标文件的,提供了法定代表人身份证明,且法定代表人在法定代表人身份证明上签名,未使用印章、签名章或其他电子制版签名代替。 (7)投标人以联合体形式投标时,联合体满足招标文件的要求: a.未进行资格预审的,投标人按照招标文件提供的格式签订了联合体协议书,明确各方承担连带责任,并明确了联合体牵头人; b.已进行资格预审的,投标人提供了资格预审申请文件中所附的联合体协议书复印件,且通过资格预审后的联合体无成员增减或更换的情况。 (8)同一投标人未提交两个以上不同的投标文件,但招标文件要求提交备选投标的除外。 (9)投标文件中未出现有关投标报价的内容。 (10)投标文件载明的招标项目完成期限符合招标文件规定。 (11)投标文件对招标文件的实质性要求和条件作出响应。 (12)权利义务符合招标文件规定: a.投标人应接受招标文件规定的风险划分原则,未提出新的风险划分办法; b.投标人未增加委托人的责任范围,或减少投标人义务; c.投标人未提出不同的支付办法; d.投标人对合同纠纷、事故处理办法未提出异议; e.投标人在投标活动中无欺诈行为; f.投标人未对合同条款有重要保留。 (13)投标文件正、副本份数符合招标文件第二章"投标人须知"第3.7.4项规定。 …… **第二个信封(报价文件)评审标准:** (1)投标文件按照招标文件规定的格式、内容填写,字迹清晰可辨,内容齐全完整:

第三章 评标办法（综合评估法）

续上表

条款号		评审因素与评审标准
2.1.1 2.1.3	形式评审与响应性评审标准	a. 投标函按招标文件规定填报了项目名称、标段号、补遗书编号（如有）、投标价（包括大写金额和小写金额）； b. 已标价报价清单说明文字与招标文件规定一致，未进行实质性修改和删减； c. 投标文件组成齐全完整，内容均按规定填写。 （2）投标文件上法定代表人或其委托代理人的签字、投标人的单位章盖章齐全，符合招标文件规定。 （3）投标报价未超过招标文件设定的最高投标限价（如有）。 （4）投标报价的大写金额能够确定具体数值。 （5）同一投标人未提交两个以上不同的投标报价，但招标文件要求提交备选投标的除外。 （6）投标文件正、副本份数符合招标文件第二章"投标人须知"第 3.7.4 项规定。 ……
2.1.2	资格评审标准①	（1）投标人具备有效的营业执照、组织机构代码证、监理资质证书和基本账户开户许可证。 （2）投标人的资质等级符合招标文件规定。 （3）投标人的类似项目业绩符合招标文件规定。 （4）投标人的信誉符合招标文件规定。 （5）投标人的总监理工程师或驻地监理工程师资格、在岗情况符合招标文件规定。 （6）投标人的其他要求符合招标文件规定。② （7）投标人不存在第二章"投标人须知"第 1.4.3 项或第 1.4.4 项规定的任何一种情形。 （8）投标人符合第二章"投标人须知"第 1.4.5 项规定。③ （9）以联合体形式参与投标的，联合体各方均未再以自己名义单独或参加其他联合体在同一标段中投标；独立参与投标的，投标人未同时参加联合体在同一标段中投标。 ……

① 本项适用于未进行资格预审的情况。
② 对于特别复杂的特大桥梁和特长隧道项目主体工程以及其他有特殊要求的工程，还可对其他主要监理人员进行资格评审。
③ 本款规定仅适用于根据《关于发布公路工程从业企业资质名录的通知》（厅公路字〔2011〕114 号）要求，招标人应通过名录对投标人资质条件进行审核的公路施工监理企业。

续上表

条款号	条款内容	编列内容
2.2.1	分值构成（总分100分）	**第一个信封（商务及技术文件）评分分值构成：**① 技术建议书：＿＿＿＿分 主要人员：＿＿＿＿分 技术能力②：＿＿＿＿分 业绩：＿＿＿＿分 履约信誉：＿＿＿＿分 …… **第二个信封（报价文件）评分分值构成：** 评标价③：＿＿＿＿分
2.2.2	评标基准价计算方法	评标基准价的计算： 在开标现场，招标人将当场计算并宣布评标基准价。 (1) 评标价的确定： 评标价 = 投标函文字报价 (2) 评标价平均值的计算： 方案一：按第一个信封（商务及技术文件）评审得分由高到低的顺序选取前 3 名（若不足 3 名，则选取相应数量），对其第二个信封（报价文件）的评标价作算术平均（根据第二章"投标人须知"第5.2.4项规定在开标现场被宣布为不进入评标基准价计算的投标报价除外），将该平均值作为评标价平均值； 方案二：除按第二章"投标人须知"第5.2.4项规定开标现场被宣布为不进入评标基准价计算的投标报价之外，所有投标人的评标价去掉一个最高值和一个最低值后的算术平均值即为评标价平均值（如果参与评标价平均值计算的有效投标人少于 5 家时，则计算评标价平均值时不去掉最高值和最低值）。 (3) 评标基准价的确定④： 方法一：将评标价平均值直接作为评标基准价。 方法二：将评标价平均值下浮＿＿＿＿%，作为评标基准价。

---

① 各评分因素权重分值范围如下：技术建议书 25～35 分；主要人员 25～40 分；技术能力 0～5 分；业绩 10～25 分；履约信誉 5～10 分。

② "技术能力"指投标人的科研开发和技术创新能力，招标人可结合招标项目的具体情况提出相关要求，包括投标人获得的与工程咨询管理（包括勘察设计、监理等工程咨询工作）有关的专利（发明专利或实用新型专利）、国家或省级科学技术进步奖，主编或参编过的国家、行业或地方标准等。

③ 评标价权重分值不宜超过 10 分。

④ 招标人可依据招标项目特点和实际需要，选择或制定适合项目的评标基准价计算方法。与评标基准价计算或评标价得分计算相关的所有系数（如有），其具体数值或随机抽取的数值区间均应在评标办法中予以明确。

第三章 评标办法(综合评估法)

续上表

条款号	条款内容	编 列 内 容
2.2.2	评标基准价计算方法	方法三:招标人设置评标基准价系数,由投标人代表现场抽取,评标价平均值乘以现场抽取的评标基准价系数作为评标基准价。 方法四:…… 在评标过程中,评标委员会应对招标人计算的评标基准价进行复核,存在计算错误的应予以修正并在评标报告中作出说明。除此之外,评标基准价在整个评标期间保持不变,不随任何因素发生变化
2.2.3	评标价的偏差率计算公式	偏差率 = 100% ×(投标人评标价 - 评标基准价)/评标基准价 偏差率保留____位小数

续上表

条款号	评分因素与权重分值①				评分标准②
	评分因素	评分因素权重分值	各评分因素细分项	分值	
2.2.4(1)	技术建议书	___分	监理大纲（或监理方案）和措施	___分	……
			本工程监理工作的重点与难点分析	___分	……
			对本工程的建议	___分	……
			……	___分	
2.2.4(2)	主要人员	___分	总监理工程师或驻地监理工程师任职资格与业绩	___分	……
			……	___分	
			……	___分	
2.2.4(3)	评标价	___分	评标价得分计算公式示例： （1）如果投标人的评标价＞评标基准价，则评标价得分 $= F -$ 偏差率 $\times 100 \times E_1$； （2）如果投标人的评标价≤评标基准价，则评标价得分 $= F +$ 偏差率 $\times 100 \times E_2$。 其中：F 是评标价所占的权重分值，E_1 是评标价每高于评标基准价一个百分点的扣分值，E_2 是评标价每低于评标基准价一个百分点的扣分值；招标人可依据招标项目具体特点和实际需要设置 E_1、E_2，但 E_1 应大于 E_2		
2.2.4(4)	其他因素 技术能力	___分	……	___分	……
			……	___分	……
	业绩	___分	……	___分	
			……	___分	

① 招标人应根据项目具体情况确定各评分因素及评分因素权重分值，并对各评分因素进行细分（如有）、确定各评分因素细分项的分值，各评分因素权重分值合计应为100分。各评分因素（评标价和履约信誉评分项除外）得分一般不得低于其权重分值的60%，且各评分因素得分应以评标委员会各成员的打分平均值确定，评标委员会成员总数为7人以上时，该平均值以去掉一个最高分和一个最低分后计算。评标委员会成员对某一项评分因素的评分低于权重分值60%的，应在评标报告中作出说明。

② 招标人应列明各评分因素或各评分因素细分项（如有）的评分标准并作为评标委员会进行评分的依据。

第三章 评标办法（综合评估法）

续上表

条款号	评分因素与权重分值				评分标准
	评分因素	评分因素权重分值	各评分因素细分项	分值	
2.2.4(4)	其他因素	履约信誉① ___分	……	___分	……
			……	___分	……
		…… ___分	……	___分	……
			……	___分	……
		…… ___分	……	___分	……
			……	___分	……
需要补充的其他内容：……					

---

① 招标人可根据招标项目所在地省级交通运输主管部门的有关规定，按照投标人的信用评级结果对其履约信用进行评分，但不得任意设置歧视性条款并不得任意设立行政许可。

1. 评标方法

本次评标采用综合评估法。评标委员会对满足招标文件实质性要求的投标文件，按照本章第2.2款规定的评分标准进行打分，并按得分由高到低顺序推荐中标候选人，或根据招标人授权直接确定中标人，但投标报价低于其成本的除外。综合评分相等时，评标委员会应按照评标办法前附表规定的优先次序推荐中标候选人或确定中标人。

2. 评审标准

2.1 初步评审标准

2.1.1 形式评审标准：见评标办法前附表。

2.1.2 资格评审标准：见评标办法前附表。（适用于未进行资格预审的）

2.1.2 资格评审标准：见资格预审文件第三章"资格审查办法"详细审查标准。（适用于已进行资格预审的）

2.1.3 响应性评审标准：见评标办法前附表。

2.2 分值构成与评分标准

2.2.1 分值构成

（1）技术建议书：见评标办法前附表；

（2）主要人员：见评标办法前附表；

（3）评标价：见评标办法前附表；

（4）其他评分因素：见评标办法前附表。

2.2.2 评标基准价计算

评标基准价计算方法：见评标办法前附表。

2.2.3 评标价的偏差率计算

评标价的偏差率计算公式：见评标办法前附表。

2.2.4 评分标准

（1）技术建议书评分标准：见评标办法前附表；

（2）主要人员评分标准：见评标办法前附表；

（3）评标价评分标准：见评标办法前附表；

（4）其他因素评分标准：见评标办法前附表。

3. 评标程序

3.1 第一个信封初步评审

3.1.1 评标委员会可以要求投标人提交第二章"投标人须知"第3.5.1项至第3.5.5项规定的有关证明和证件的原件,以便核验。评标委员会依据本章第2.1款规定的标准对投标文件第一个信封(商务及技术文件)进行初步评审。有一项不符合评审标准的,评标委员会应否决其投标。(适用于未进行资格预审的)

3.1.1 评标委员会依据本章第2.1.1项、第2.1.3项规定的评审标准对投标文件第一个信封(商务及技术文件)进行初步评审。有一项不符合评审标准的,评标委员会应否决其投标。当投标人资格预审申请文件的内容发生重大变化时,评标委员会依据本章第2.1.2项规定的标准对其更新资料进行评审。(适用于已进行资格预审的)

3.2 第一个信封详细评审

3.2.1 评标委员会按本章第2.2款规定的量化因素和分值进行打分,并计算出各投标人的商务和技术得分。

(1)按本章第2.2.4项(1)目规定的评审因素和分值对技术建议书部分计算出得分A;

(2)按本章第2.2.4项(2)目规定的评审因素和分值对主要人员部分计算出得分B;

(3)按本章第2.2.4项(4)目规定的评审因素和分值对其他部分计算出得分D。

3.2.2 投标人的商务和技术得分分值计算保留小数点后两位,小数点后第三位"四舍五入"。

3.2.3 投标人的商务和技术得分 = A + B + D。

3.3 第二个信封开标

第一个信封(商务及技术文件)评审结束后,招标人将按照第二章"投标人须知"第5.1款规定的时间和地点对通过投标文件第一个信封(商务及技术文件)评审的投标文件第二个信封(报价文件)进行开标。

3.4 第二个信封初步评审

3.4.1 评标委员会依据本章第2.1.1项、第2.1.3项规定的评审标准对投标文件第二个信封(报价文件)进行初步评审。有一项不符合评审标准的,评标委员会应否决其投标。

3.4.2 投标报价有算术错误的,评标委员会按以下原则对投标报价进行修正,修正的价格经投标人书面确认后具有约束力。投标人不接受修正价格的,评标委员会应否决其投标。

（1）投标文件中的大写金额与小写金额不一致的，以大写金额为准；

（2）总价金额与依据单价计算出的结果不一致的，以单价金额为准修正总价，但单价金额小数点有明显错误的除外；

（3）当单价与数量相乘不等于合价时，以单价计算为准，如果单价有明显的小数点位置差错，应以标出的合价为准，同时对单价予以修正；

（4）当各子目的合价累计不等于总价时，应以各子目合价累计数为准，修正总价。

3.4.3 修正后的最终投标报价若超过最高投标限价（如有），评标委员会应否决其投标。

3.4.4 修正后的最终投标报价仅作为签订合同的一个依据，不参与评标价得分的计算。

3.5 第二个信封详细评审

3.5.1 评标委员会按本章第2.2.4项（3）目规定的评审因素和分值对评标价计算出得分C。评标价得分分值计算保留小数点后两位，小数点后第三位"四舍五入"。

3.5.2 投标人综合得分＝投标人的商务和技术得分＋C。

3.5.3 评标委员会发现投标人的报价明显低于其他投标报价，使得其投标报价可能低于其个别成本的，应要求该投标人作出书面说明并提供相应的证明材料。投标人不能合理说明或不能提供相应证明材料的，评标委员会应认定该投标人以低于成本报价竞标，并否决其投标。

3.6 投标文件相关信息的核查

3.6.1 在评标过程中，评标委员会应查询交通运输主管部门"公路建设市场信用信息管理系统"，对投标人的资质、业绩、主要人员资历和目前在岗情况、信用等级等信息进行核实。若投标文件载明的信息与交通运输主管部门"公路建设市场信用信息管理系统"发布的信息不符，使得投标人的资格条件不符合招标文件规定的，评标委员会应否决其投标。

3.6.2 评标委员会应对在评标过程中发现的投标人与投标人之间、投标人与招标人之间存在的串通投标的情形进行评审和认定。投标人存在串通投标、弄虚作假、行贿等违法行为的，评标委员会应否决其投标。

（1）有下列情形之一的，属于投标人相互串通投标：

a. 投标人之间协商投标报价等投标文件的实质性内容；

b. 投标人之间约定中标人；

c. 投标人之间约定部分投标人放弃投标或中标；

d. 属于同一集团、协会、商会等组织成员的投标人按照该组织要求协同投标；

e. 投标人之间为谋取中标或排斥特定投标人而采取的其他联合行动。

（2）有下列情形之一的，视为投标人相互串通投标：

a. 不同投标人的投标文件由同一单位或个人编制；

b. 不同投标人委托同一单位或个人办理投标事宜；

c. 不同投标人的投标文件载明的项目管理成员为同一人；

d. 不同投标人的投标文件异常一致或投标报价呈规律性差异；

e. 不同投标人的投标文件相互混装；

f. 不同投标人的投标保证金从同一单位或个人的账户转出。

（3）有下列情形之一的，属于招标人与投标人串通投标：

a. 招标人在开标前开启投标文件并将有关信息泄露给其他投标人；

b. 招标人直接或间接向投标人泄露标底、评标委员会成员等信息；

c. 招标人明示或暗示投标人压低或抬高投标报价；

d. 招标人授意投标人撤换、修改投标文件；

e. 招标人明示或暗示投标人为特定投标人中标提供方便；

f. 招标人与投标人为谋求特定投标人中标而采取的其他串通行为。

（4）投标人有下列情形之一的，属于弄虚作假的行为：

a. 使用通过受让或租借等方式获取的资格、资质证书投标；

b. 使用伪造、变造的许可证件；

c. 提供虚假的业绩；

d. 提供虚假的项目负责人或主要技术人员简历、劳动关系证明；

e. 提供虚假的信用状况；

f. 其他弄虚作假的行为。

3.7 投标文件的澄清和说明

3.7.1 在评标过程中，评标委员会可以书面形式要求投标人对投标文件中含义不明确的内容、明显文字或计算错误进行书面澄清或说明。评标委员会不接受投标人主动提出的澄清、说明。投标人不按评标委员会要求澄清或说明的，评标委员会应否决其投标。

3.7.2 澄清和说明不得超出投标文件的范围或改变投标文件的实质性内容（算术性错误的修正除外）。投标人的书面澄清、说明属于投标文件的组成部分。

3.7.3 评标委员会不得暗示或诱导投标人作出澄清、说明，对投标人提交的澄清、说明有疑问的，可以要求投标人进一步澄清或说明，直至满足评标委员会的要求。

3.7.4 凡超出招标文件规定的或给委托人带来未曾要求的利益的变化、偏差或其他因素在评标时不予考虑。

3.8 不得否决投标的情形

投标文件存在第二章"投标人须知"第1.12.3项所列情形的，均视为细微偏差，评标委员会不得否决投标人的投标，应按照第二章"投标人须知"第1.12.4项规定的原则处理。

3.9 评标结果

3.9.1 除第二章"投标人须知"前附表授权直接确定中标人外,评标委员会按照得分由高到低的顺序推荐中标候选人,并标明排序。

3.9.2 评标委员会完成评标后,应向招标人提交书面评标报告。

第四章 合同条款及格式

第一节 通用合同条款

通用合同条款①

1. 一般约定

1.1 词语定义

通用合同条款、专用合同条款中的下列词语应具有本款所赋予的含义。

1.1.1 合同

1.1.1.1 合同文件(或称合同):指合同协议书、中标通知书、投标函和投标函附录、专用合同条款、通用合同条款、委托人要求、监理报酬清单、监理大纲,以及其他构成合同组成部分的文件。

1.1.1.2 合同协议书:指委托人和监理人共同签署的合同协议书。

1.1.1.3 中标通知书:指委托人通知监理人中标的函件。

1.1.1.4 投标函:指由监理人填写并签署的,名为"投标函"的函件。

1.1.1.5 投标函附录:指由监理人填写并签署的、附在投标函后,名为"投标函附录"的函件。

1.1.1.6 委托人要求:指合同文件中名为"委托人要求"的文件。

1.1.1.7 监理大纲:指监理人在投标文件中的监理大纲。

1.1.1.8 监理报酬清单:指监理人投标文件中的监理报酬清单。

1.1.1.9 其他合同文件:指经合同双方当事人确认构成合同文件的其他文件。

1.1.2 合同当事人和人员

1.1.2.1 合同当事人:指委托人和(或)监理人。

1.1.2.2 委托人:指与监理人签订合同协议书的当事人,及其合法继承人。

1.1.2.3 监理人:指与委托人签订合同协议书的当事人,及其合法继承人。

1.1.2.4 委托人代表:指由委托人任命,并在授权范围和期限内代表委托人行使权利和履行义务的全权负责人。

1.1.2.5 总监理工程师:指由监理人任命,代表监理人行使权利和履行义务的全权负责人。

1.1.2.6 承包人:指在本工程监理范围内,与委托人签订勘察、设计、施工承包合同的当事人。

1.1.3 工程和监理

1.1.3.1 工程:指永久工程和(或)临时工程。

1.1.3.2 监理服务:指监理人接受委托人的委托,依照法律、规范标准和监理合同

---

① 本部分不加修改地引用了国家九部委《标准监理招标文件》(2017年版)相关内容。

等,对建设工程勘察、设计或施工等阶段进行质量控制、进度控制、投资控制、合同管理、信息管理、组织协调和安全监理、环保监理的服务活动。

1.1.3.3 监理资料:是委托人按合同约定向监理人提供的,用于完成监理范围与内容所需要的资料。

1.1.3.4 监理文件:指监理人按合同约定向委托人提交的监理大纲、监理规划、监理实施细则、监理日志、监理报告、工程质量评估报告、事故处理文件、监理工作总结和其他文件等,包括阶段性文件和最终文件,且应当采用合同中双方约定的格式和载体。

1.1.4 日期

1.1.4.1 开始监理通知:指委托人按第6.1款通知监理人开始监理的函件。

1.1.4.2 开始监理日期:指委托人按第6.1款发出的开始监理通知中写明的开始监理日期。

1.1.4.3 监理服务期限:指监理人在投标函中承诺的完成合同监理服务所需的期限,包括按第6.2款约定所做的调整。

1.1.4.4 完成监理日期:指第1.1.4.3目约定监理服务期限届满时的日期。

1.1.4.5 基准日:指投标截止时间前28天的日期。

1.1.4.6 天:除特别指明外,指日历天。合同中按天计算时间的,开始当天不计入,从次日开始计算。期限最后一天的截止时间为当天24:00。

1.1.5 合同价格和费用

1.1.5.1 签约合同价:指签订合同时合同协议书中写明的监理报酬总金额。

1.1.5.2 合同价格:指监理人按合同约定完成了全部监理工作后,委托人应付给监理人的金额,包括在履行合同过程中按合同约定进行的变更和调整。

1.1.5.3 费用:指为履行合同所发生的或将要发生的所有合理开支,包括管理费和应分摊的其他费用,但不包括利润。

1.1.6 其他

1.1.6.1 书面形式:指合同文件、信件和数据电文(包括电报、电传、传真、电子数据交换和电子邮件)等可以有形地表现所载内容的形式。

1.2 语言文字

合同使用的语言文字为中文。专用术语使用外文的,应附有中文注释。

1.3 适用法律

适用于合同的法律包括中华人民共和国法律、行政法规、部门规章,以及工程所在地的地方法规、自治条例、单行条例和地方政府规章。

本合同适用的其他规范性文件,可在专用合同条款中约定。

1.4 合同文件的优先顺序

组成合同的各项文件应互相解释,互为说明。除专用合同条款另有约定外,解释合同文件的优先顺序如下:
(1)合同协议书;
(2)中标通知书;
(3)投标函及投标函附录;
(4)专用合同条款;
(5)通用合同条款;
(6)委托人要求;
(7)监理报酬清单;
(8)监理大纲;
(9)其他合同文件。

1.5 合同协议书

监理人按中标通知书规定的时间与委托人签订合同协议书。除法律另有规定或合同另有约定外,委托人和监理人的法定代表人或其委托代理人在合同协议书上签字并盖单位章后,合同生效。

1.6 文件的提供和照管

1.6.1 监理文件的提供

除专用合同条款另有约定外,监理人应在合理的期限内按照合同约定的数量向委托人提供监理文件。合同约定监理文件应经委托人批复的,委托人应当在合同约定的期限内批复或提出修改意见。

1.6.2 委托人提供的文件

按专用合同条款约定由委托人提供的文件,包括规范标准、承包合同、勘察文件、设计文件等,委托人应按约定的数量和期限交给监理人。由于委托人未按时提供文件造成监理服务期限延误的,按第6.2款约定执行。

1.6.3 文件错误的通知

任何一方当事人发现文件中存在的明显错误或疏忽,均应及时通知对方当事人,并应立即采取适当的措施防止损失扩大。

1.6.4 文件的照管

监理人应在现场保留一份合同文件、监理文件、委托人要求中的所列文件以及其他根据合同收发的往来信函,以备委托人和行政管理部门查阅使用。

1.7 联络

1.7.1 与合同有关的通知、批准、证明、证书、指示、要求、请求、同意、意见、确定和决定等,均应采用书面形式。

1.7.2 上述通知、批准、证明、证书、指示、要求、请求、同意、意见、确定和决定等来往函件,均应在合同约定的期限内送达指定的地点和指定的接收人,并办理签收手续。

1.8 转让

除专用合同条款另有约定外,未经对方当事人同意,一方当事人不得将合同权利全部或部分转让给第三人,也不得全部或部分转移合同义务。

1.9 严禁贿赂

合同双方当事人不得以贿赂或变相贿赂的方式,谋取不当利益或损害对方权益。因贿赂造成对方当事人损失的,行为人应当赔偿损失,并承担相应的法律责任。

1.10 知识产权

1.10.1 除专用合同条款另有约定外,监理人完成的监理工作成果,除署名权以外的著作权和其他知识产权均归委托人享有。

1.10.2 监理人从事监理活动时不得侵犯他人的知识产权。因侵犯专利权或其他知识产权所引起的责任,由监理人自行承担。因委托人提供的监理资料导致侵权的,由委托人承担责任。

1.10.3 监理人在投标文件中采用专利技术、专有技术的,相应的使用费视为已包含在投标报价之中。

1.11 文件及信息的保密

未经对方同意,任何一方当事人不得将有关文件、技术秘密、需要保密的资料和信息泄露给他人或公开发表与引用。

1.12 委托人要求

1.12.1 监理人应认真阅读、复核委托人要求,发现错误的,应及时书面通知委托人。无论是否存在错误,委托人均有权修改委托人要求,并在修改后3天内通知监理人。除专用合同条款另有约定外,由此导致监理人费用增加和(或)周期延误的,委托人应当相应地增加费用和(或)延长周期。

1.12.2 如果委托人要求违反法律规定,监理人应在发现后及时书面通知委托人,要求其改正。委托人收到通知书后不予改正或不予答复的,监理人有权拒绝履行合同义务,直至解除合同;由此引起的监理人的全部损失由委托人承担。

1.12.3 委托人要求采用国外规范和标准进行监理时,应由委托人负责提供该规范和标准的外国文本和中文译本,提供的时间、份数和其他要求在专用合同条款中约定。

2. 委托人义务

2.1 遵守法律

委托人在履行合同过程中应遵守法律,并保证监理人免于承担因委托人违反法律而引起的任何责任。

2.2 发出开始监理通知

委托人应按第6.1款的约定向监理人发出开始监理通知。

2.3 提供设备、设施

除专用合同条款另有约定外,委托人应为监理人的现场人员,在监理期间提供办公房间、办公桌椅、互联网接口、冷暖设施、生活设施、进出现场交通服务和其他便利条件。

2.4 办理证件和批件

法律规定和(或)合同约定由委托人负责办理的工程建设项目必须履行的各类审批、核准或备案手续,委托人应当按时办理,监理人应给予必要的协助。

法律规定和(或)合同约定由监理人负责办理的监理所需的证件和批件,委托人应给予必要的协助。

2.5 支付合同价款

委托人应按合同约定向监理人及时支付合同价款。

2.6 提供监理资料

委托人应按第1.6.2项的约定向监理人提供监理资料。

2.7 其他义务

委托人应履行合同约定的其他义务。

3. 委托人管理

3.1 委托人代表

3.1.1 除专用合同条款另有约定外,委托人应在合同签订后14天内,将委托人代表的姓名、职务、联系方式、授权范围和授权期限书面通知监理人,由委托人代表在其授权范围和授权期限内,代表委托人行使权利、履行义务和处理合同履行中的具体事宜。委托人代表在授权范围内的行为由委托人承担法律责任。

3.1.2 委托人代表违反法律法规、违背职业道德守则或者不按合同约定履行职责及义务,导致合同无法继续正常履行的,监理人有权通知委托人更换委托人代表。委托人收到通知后7天内,应当核实完毕并将处理结果通知监理人。

3.1.3 委托人更换委托人代表的,应提前14天将更换人员的姓名、职务、联系方式、授权范围和授权期限书面通知监理人。委托人代表超过2天不能履行职责的,应委派代表代行其职责,并通知监理人。

3.2 委托人的指示

3.2.1 委托人应按合同约定向监理人发出指示,委托人的指示应盖有委托人单位章,并由委托人代表签字确认。

3.2.2 监理人收到委托人作出的指示后应遵照执行。指示构成变更的,应按第8条执行。

3.2.3 在紧急情况下,委托人代表或其授权人员可以当场签发临时书面指示,监理人应遵照执行。委托人代表应在临时书面指示发出后24小时内发出书面确认函,逾期未发出书面确认函的,该临时书面指示应被视为委托人的正式指示。

3.2.4 由于委托人未能按合同约定发出指示、指示延误或指示错误而导致监理人费用增加和(或)周期延误的,委托人应承担由此增加的费用和(或)周期延误。

3.3 决定或答复

3.3.1 委托人在法律允许的范围内有权对监理人的监理工作和(或)监理文件作出处理决定,监理人应按照委托人的决定执行,涉及监理服务期限或监理报酬等问题按第8条的约定处理。

3.3.2 委托人应在专用合同条款约定的时间之内,对监理人书面提出的事项作出书面答复;逾期没有做出答复的,视为已获得委托人的批准。

4. 监理人义务

4.1 监理人的一般义务

4.1.1 遵守法律

监理人在履行合同过程中应遵守法律,并保证委托人免于承担因监理人违反法律而引起的任何责任。

4.1.2 依法纳税

监理人应按有关法律规定纳税,应缴纳的税金(含增值税)包括在合同价格之中。

4.1.3 完成全部监理工作

监理人应按合同约定以及委托人要求,完成合同约定的全部工作,并对工作中的任何缺陷进行整改,使其满足合同约定的目的。

4.1.4 其他义务

监理人应履行合同约定的其他义务。

4.2 履约保证金

除专用合同条款另有约定外,履约保证金自合同生效之日起生效,在委托人签发竣工验收证书之日起28天后失效。如果监理人不履行合同约定的义务或其履行不符合合同的约定,委托人有权扣划相应金额的履约保证金。

4.3 联合体

4.3.1 联合体各方应共同与委托人签订合同。联合体各方应为履行合同承担连带责任。

4.3.2 联合体协议经委托人确认后作为合同附件。在履行合同过程中,未经委托人同意,不得修改联合体协议。

4.3.3 联合体牵头人负责与委托人联系,并接受指示,负责组织联合体各成员全面履行合同。

4.4 总监理工程师

4.4.1 监理人应按合同协议书的约定指派总监理工程师,并在约定的期限内到职。监理人更换总监理工程师应事先征得委托人同意,并应在更换14天前将拟更换的总监理工程师的姓名和详细资料提交委托人。总监理工程师2天内不能履行职责的,应事先征得委托人同意,并委派代表代行其职责。

4.4.2 总监理工程师应按合同约定以及委托人要求,负责组织合同工作的实施。在情况紧急且无法与委托人取得联系时,可采取保证工程和人员生命财产安全的紧急措施,并在采取措施后24小时内向委托人提交书面报告。

4.4.3 监理人为履行合同发出的一切函件均应盖有监理人单位章或由监理人授权的项目机构章,并由监理人的总监理工程师签字确认。

4.4.4 按照专用合同条款约定,总监理工程师可以授权其下属人员履行其某项职责,但事先应将这些人员的姓名和授权范围书面通知委托人和承包人。

4.5 监理人员的管理

4.5.1 监理人应在接到开始监理通知之日起7天内,向委托人提交监理项目机构以及人员安排的报告,其内容应包括项目机构设置、主要监理人员和其他人员的名单及资格条件。主要监理人员应相对稳定,更换主要监理人员的,应取得委托人的同意,并向委托人提交继任人员的资格、管理经验等资料。总监理工程师的更换,应按照本章第4.4.1项规定执行。

4.5.2 除专用合同条款另有约定外,主要监理人员包括总监理工程师、专业监理工程师等;其他人员包括各专业的监理员、资料员等。

4.5.3 监理人应保证其主要监理人员在合同期限内的任何时候,都能按时参加委托人组织的工作会议。

4.5.4 国家规定应当持证上岗的工作人员均应持有相应的资格证明,委托人有权随时检查。委托人认为有必要时,可以进行现场考核。

4.6 撤换总监理工程师和其他人员

监理人应对其总监理工程师和其他人员进行有效管理。委托人要求撤换不能胜任本职工作、行为不端或玩忽职守的总监理工程师和其他人员的,监理人应予以撤换。

4.7 保障人员的合法权益

4.7.1 监理人应与其雇用的人员签订劳动合同,并按时发放工资。

4.7.2 监理人应按劳动法的规定安排工作时间,保证其雇用人员享有休息和休假的权利。因监理需要占用休假日或延长工作时间的,应不超过法律规定的限度,并按法律规定给予补休或付酬。

4.7.3 监理人应按有关法律规定和合同约定,为其雇用人员办理保险。

4.8 合同价款应专款专用

委托人按合同约定支付给监理人的各项价款,应专用于合同监理工作。

5. 监理要求

5.1 监理范围

5.1.1 本合同的监理范围包括工程范围、阶段范围和工作范围,具体监理范围应当根据三者之间的关联内容进行确定。

5.1.2 工程范围指所监理工程的建设内容,具体范围在专用合同条款中约定。

5.1.3 阶段范围指工程建设程序中的勘察阶段、设计阶段、施工阶段、缺陷责任期及保修阶段中的一个或者多个阶段,具体范围在专用合同条款中约定。

5.1.4 工作范围指监理工作中的质量控制、进度控制、投资控制、合同管理、信息管理、组织协调和安全监理、环保监理中的一项或者多项工作,具体范围在专用合同条款中约定。

5.2 监理依据

除专用合同条款另有约定外,本工程的监理依据如下:
(1)适用的法律、行政法规及部门规章;
(2)与工程有关的规范、标准、规程;
(3)工程勘察文件、设计文件及其他文件;
(4)本工程监理的委托合同及补充合同;

(5)委托人签订的勘察、设计和施工承包合同；

(6)合同履行中与监理服务有关的来往函件；

(7)其他监理依据。

5.3 监理内容

除专用合同条款另有约定外，监理工作内容包括：

(1)收到工程设计文件后编制监理规划，并在第一次工地会议7天前报委托人。根据有关规定和监理工作需要，编制监理实施细则；

(2)熟悉工程设计文件，并参加由委托人主持的图纸会审和设计交底会议；

(3)参加由委托人主持的第一次工地会议；主持监理例会并根据工程需要主持或参加专题会议；

(4)审查施工承包人提交的施工组织设计，重点审查其中的质量安全技术措施、专项施工方案与工程建设强制性标准的符合性；

(5)检查施工承包人工程质量、安全生产管理制度及组织机构和人员资格；

(6)检查施工承包人专职安全生产管理人员的配备情况；

(7)审查施工承包人提交的施工进度计划，核查承包人对施工进度计划的调整；

(8)检查施工承包人的试验室；

(9)审核施工分包人资质条件；

(10)查验施工承包人的施工测量放线成果；

(11)审查工程开工条件，对条件具备的签发开工令；

(12)审查施工承包人报送的工程材料、构配件、设备质量证明文件的有效性和符合性，并按规定对用于工程的材料采取平行检验或见证取样方式进行抽检；

(13)审核施工承包人提交的工程款支付申请，签发或出具工程款支付证书，并报委托人审核、批准；

(14)在巡视、旁站和检验过程中，发现工程质量、施工安全存在事故隐患的，要求施工承包人整改并报委托人；

(15)经委托人同意，签发工程暂停令和复工令；

(16)审查施工承包人提交的采用新材料、新工艺、新技术、新设备的论证材料及相关验收标准；

(17)验收隐蔽工程、分部分项工程；

(18)审查施工承包人提交的工程变更申请，协调处理施工进度调整、费用索赔、合同争议等事项；

(19)审查施工承包人提交的竣工验收申请，编写工程质量评估报告；

(20)参加工程竣工验收，签署竣工验收意见；

(21)审查施工承包人提交的竣工结算申请并报委托人；

(22)编制、整理工程监理归档文件并报委托人。

5.4 监理文件要求

5.4.1 监理文件的编制应符合法律、规范标准的强制性规定和委托人要求,相关的监理依据应当完整准确,文件内容和相应数据应当真实可靠。

5.4.2 监理文件的深度应满足本阶段相应监理工作的规定要求,满足委托人的下步工作需要,并应符合国家和行业现行规定。

5.4.3 本工程监理文件的具体类别、编制要求、编制内容和提交时间等,在专用合同条款中约定。

6. 开始监理和完成监理

6.1 开始监理

6.1.1 符合专用合同条款约定的开始监理条件的,委托人应提前 7 天向监理人发出开始监理通知。监理服务期限自开始监理通知中载明的开始监理日期起计算。

6.1.2 除专用合同条款另有约定外,因委托人原因造成合同签订之日起 90 天内未能发出开始监理通知的,监理人有权提出价格调整要求,或者解除合同。委托人应当承担由此增加的费用和(或)周期延误。

6.2 监理周期延误

在履行合同过程中,由于下列原因造成监理服务期限延误且属于非监理人责任的,委托人应当延长监理服务期限并增加监理报酬,具体方法在专用合同条款中约定。

(1)合同变更;
(2)因委托人原因导致的监理工作暂停;
(3)未按合同约定及时支付监理报酬;
(4)未及时履行合同约定的相关义务;
(5)由于承包人延误、行政管理造成的监理服务期延误;
(6)造成监理服务期限延误的其他原因。

6.3 完成监理

6.3.1 监理人应当根据法律、规范标准、合同约定和委托人要求实施和完成监理,并编制和移交监理文件。

6.3.2 缺陷修复监理指缺陷责任期间,监理人对承包人修复质量缺陷进行的监理。缺陷修复监理的责任由监理人负责。

6.3.3 委托人应当及时接收监理人提交的监理文件。如无正当理由拒收的,视为委托人已经接收监理文件。接收监理文件时,委托人应向监理人出具文件签收凭证,凭证内容包括文件名称、文件内容、文件形式、份数、提交和接收日期、提交人与接收人的亲笔签名等。

6.3.4 除专用合同条款另有约定外,监理文件包括纸质文件和电子文件两种形式,两者若有不一致时,应以纸质文件为准。纸质文件应当加盖单位章和总监理工程师的注册执业印章,具体份数、纸幅、装订格式等要求,应在专用合同条款中约定;电子文件应使用光盘和U盘分别贮存。

7. 监理责任与保险

7.1 监理责任主体

7.1.1 监理人应运用一切合理的专业技术、知识技能和项目经验,按照职业道德准则和行业公认标准尽其全部职责,勤勉、谨慎、公正地履行其在本合同项下的责任和义务。

7.1.2 监理责任为监理单位项目负责人终身责任制。总监理工程师应当按照法律法规、有关技术标准、设计文件和工程承包合同进行监理,对施工质量承担监理责任。

7.1.3 总监理工程师应当按照有关规定在办理工程质量监督手续前签署工程质量终身责任承诺书,连同法定代表人出具的授权书,报工程质量监督机构备案。

7.2 监理责任保险

除专用合同条款另有约定外,监理人应根据工程情况对监理责任进行保险,并在合同履行期间保持足额、有效。

8. 合同变更

8.1 变更情形

8.1.1 合同履行中发生下述情形时,合同一方均可向对方提出变更请求,经双方协商一致后进行变更,监理服务期限和监理报酬的调整方法在专用合同条款中约定。
(1)监理范围发生变化;
(2)除不可抗力外,非监理人的原因引起的周期延误;
(3)非监理人的原因,对工程同一部分重复进行监理;
(4)非监理人的原因,对工程暂停监理及恢复监理。

8.1.2 基准日后,因颁布新的或修订原有法律、法规、规范和标准等引发合同变更情形的,按照上述约定进行调整。

8.2 合理化建议

8.2.1 合同履行中,监理人可对委托人要求提出合理化建议。合理化建议应以书面形式提交委托人,被委托人采纳并构成变更的,执行第8.1款约定。

8.2.2 监理人提出的合理化建议降低了工程投资、缩短了施工期限或者提高了工程经济效益的,委托人应按专用合同条款中的约定给予奖励。

9. 合同价格与支付

9.1 合同价格

9.1.1 本合同的价款确定方式、调整方式和风险范围划分,在专用合同条款中约定。

9.1.2 除专用合同条款另有约定外,合同价格应当包括收集资料、踏勘现场、制订纲要、实施监理、编制监理文件等全部费用和国家规定的增值税税金。

9.1.3 委托人要求监理人进行外出考察、试验检测、专项咨询或专家评审时,相应费用不含在合同价格之中,由委托人另行支付。

9.2 预付款

9.2.1 预付款应专用于本工程的监理。预付款的额度、支付方式及抵扣方式在专用合同条款中约定。

9.2.2 委托人应在收到预付款支付申请后 28 天内,将预付款支付给监理人;监理人应当提供等额的增值税发票。

9.3 中期支付

9.3.1 监理人应按委托人批准或专用合同条款约定的格式及份数,向委托人提交中期支付申请,并附相应的支持性证明文件。

9.3.2 委托人应在收到中期支付申请后的 28 天内,将应付款项支付给监理人;监理人应当提供等额的增值税发票。委托人未能在前述时间内完成审批或不予答复的,视为委托人同意中期支付申请。委托人不按期支付的,按专用合同条款的约定支付逾期付款违约金。

9.3.3 中期支付涉及政府投资资金的,按照国库集中支付等国家相关规定和专用合同条款的约定执行。

9.4 费用结算

9.4.1 合同工作完成后,监理人可按专用合同条款约定的份数和期限,向委托人提交监理费用结算申请,并提供相关证明材料。

9.4.2 委托人应在收到费用结算申请后的 28 天内,将应付款项支付给监理人;监理人应当提供等额的增值税发票。委托人未能在前述时间内完成审批或不予答复的,视为委托人同意费用结算申请。委托人不按期支付的,按专用合同条款的约定支付逾期付款违约金。

9.4.3 委托人对费用结算申请内容有异议的,有权要求监理人进行修正和提供补充资料,由监理人重新提交。监理人对此有异议的,按第 12 条的约定执行。

9.4.4 最终结清付款涉及政府投资资金的,按第9.3.3项的约定执行。

10. 不可抗力

10.1 不可抗力的确认

10.1.1 不可抗力是指监理人和委托人在订立合同时不可预见,在履行合同过程中不可避免发生并不能克服的自然灾害和社会性突发事件,如地震、海啸、瘟疫、水灾、骚乱、暴动、战争和专用合同条款约定的其他情形。

10.1.2 不可抗力发生后,委托人和监理人应及时认真统计所造成的损失,收集不可抗力造成损失的证据。合同双方对是否属于不可抗力或其损失的意见不一致的,由合同双方协商确定。

10.2 不可抗力的通知

10.2.1 合同一方当事人遇到不可抗力事件,使其履行合同义务受到阻碍时,应立即通知合同另一方当事人,书面说明不可抗力和受阻碍的详细情况,并提供必要的证明。

10.2.2 如不可抗力持续发生,合同一方当事人应及时向合同另一方当事人提交中间报告,说明不可抗力和履行合同受阻的情况,并于不可抗力事件结束后28天内提交最终报告及有关资料。

10.3 不可抗力后果及其处理

10.3.1 不可抗力引起的后果及其损失,应由合同当事人依据法律规定各自承担。不可抗力发生前已完成的监理工作,应当按照合同约定进行支付。

10.3.2 不可抗力发生后,合同当事人应当采取有效措施避免损失进一步扩大,如未采取有效措施致使损失扩大的,应当自行承担扩大部分的损失。

10.3.3 因一方当事人迟延履行合同义务,致使迟延履行期间遭遇不可抗力的,应由该当事人承担全部损失。

11. 违约

11.1 监理人违约

11.1.1 合同履行中发生下列情况之一的,属监理人违约:
(1)监理文件不符合规范标准以及合同约定;
(2)监理人转让监理工作;
(3)监理人未按合同约定实施监理并造成工程损失;
(4)监理人无法履行或停止履行合同;

(5)监理人不履行合同约定的其他义务。

11.1.2 监理人发生违约情况时,委托人可向监理人发出整改通知,要求其在限定期限内纠正;逾期仍不纠正的,委托人有权解除合同并向监理人发出解除合同通知。监理人应当承担由于违约所造成的费用增加、周期延误和委托人损失等。

11.2 委托人违约

11.2.1 合同履行中发生下列情况之一的,属委托人违约:
(1)委托人未按合同约定支付监理报酬;
(2)委托人原因造成监理停止;
(3)委托人无法履行或停止履行合同;
(4)委托人不履行合同约定的其他义务。

11.2.2 委托人发生违约情况时,监理人可向委托人发出暂停监理通知,要求其在限定期限内纠正;逾期仍不纠正的,监理人有权解除合同并向委托人发出解除合同通知。委托人应当承担由于违约所造成的费用增加、周期延误和监理人损失等。

11.3 第三人造成的违约

在履行合同过程中,一方当事人因第三人的原因造成违约的,应当向对方当事人承担违约责任。一方当事人和第三人之间的纠纷,依照法律规定或者按照约定解决。

12. 争议的解决

委托人和监理人在履行合同中发生争议的,可以友好协商解决。合同当事人友好协商解决不成的,可在专用合同条款中约定下列一种方式解决:
(1)向约定的仲裁委员会申请仲裁;
(2)向有管辖权的人民法院提起诉讼。

第二节 专用合同条款

A. 公路工程专用合同条款

1. 一般约定

1.1 词语定义

1.1.1 合同

第1.1.1.1目细化为：

合同文件(或称合同)：指合同协议书及各种合同附件、中标通知书、投标函、项目专用合同条款、公路工程专用合同条款、通用合同条款、委托人要求、监理服务费用清单、监理人有关人员和试验检测设备投入的承诺，以及其他构成合同组成部分的文件。

第1.1.1.5目不适用。

第1.1.1.8目细化为：

监理服务费用清单：指监理人投标文件中的监理服务费用清单。

1.1.2 合同当事人和人员

本项补充第1.1.2.7目至第1.1.2.9目：

1.1.2.7 监理机构：指由监理人在项目现场设立的履行监理职责的组织，包括总监理工程师办公室(简称总监办)及驻地监理工程师办公室(简称驻地办)。

1.1.2.8 行政管理部门：指交通运输主管部门或对本工程依法享有行政监督权限的其他政府部门。

1.1.2.9 第三方：指除委托人、监理人之外，与本工程建设有关的其他当事人(包括承包人)。

1.1.3 工程和监理

第1.1.3.1目细化为：

工程：指为完成项目所实施的一项或若干项永久或临时工程(包括向委托人提供的物资和设备)，具体情况在项目专用合同条款中指明。

第1.1.3.2目细化为：

监理服务：指监理人接受委托人的委托，依照法律、规范标准和监理合同等，对公路工程施工准备、施工、验收与缺陷责任期等阶段进行质量控制、进度控制、投资控制、合同管理、信息管理、组织协调和安全监理、环保监理的服务活动。

1.4 合同文件的优先顺序

本款细化为：

组成合同的各项文件应互相解释，互为说明。除项目专用合同条款另有约定外，解释合同文件的优先顺序如下：

(1) 合同协议书及各种合同附件；
(2) 中标通知书；
(3) 投标函；
(4) 项目专用合同条款；
(5) 公路工程专用合同条款；
(6) 通用合同条款；
(7) 委托人要求；
(8) 监理服务费用清单；
(9) 监理人有关人员、试验检测设备投入的承诺；
(10) 其他合同文件。

合同当事人针对各类合同文件所作出的补充和修改亦属于合同文件的组成部分，属于同一类内容的文件，应以最新签署的为准。

1.6 文件的提供和照管

1.6.1 监理文件的提供

本项细化为：

监理人应在合理的期限内按照国家、公路行业现行标准、规范、规定，《公路工程施工监理规范》及施工承包合同约定向委托人提供监理文件。合同约定监理文件应经委托人批复的，委托人应当在合同约定的期限内批复或提出修改意见。

1.6.2 委托人提供的文件

本项细化为：

除项目专用合同条款另有约定外，委托人应在监理合同生效且取得相关文件、资料后7天内，向监理人免费提供下述文件、资料：

(1) 委托人与承包人签订的施工承包合同1份。
(2) 委托人与承包人共同确认的已标价的工程量清单及其说明1份。
(3) 合同图纸和相关的标准图纸及说明1套。
(4) 合同指定使用的技术规范、检验评定标准、操作规程1套。
(5) 其他相关资料。

由于委托人未按时提供文件造成监理服务期限延误的，按第6.2款约定执行。

1.8 转让和分包

本款细化为：

1.8.1 除项目专用合同条款另有约定外，未经对方当事人同意，一方当事人不得将合同权利全部或部分转让给第三人，也不得全部或部分转移合同义务。

1.8.2 监理人不得将监理服务的任何部分分包。监理人因监理服务的需要，聘用专业技术人员和辅助工作人员不属于分包。

1.10 知识产权

本款补充第1.10.4项：

1.10.4 除项目专用合同条款另有约定外，监理人有权出版与本项目或本工程监理服务有关的资料。但未经委托人同意，上述出版物中不得涉及委托人的专利、专有技术以及经济情报。

本条补充第1.13款：

1.13 避免利益冲突

未经委托人书面同意，监理人不得获取本监理合同约定以外的与本工程有关的任何利益，不得参与与本监理合同约定的委托人利益相冲突的任何活动。

2. 委托人义务

本条补充第2.7款至第2.10款：

2.7 协助

委托人在工程所在地向监理人提供进驻现场的相关条件，解决非监理人原因而发生意外事件时，监理工作人员的撤场和相关事宜；并避免监理人根据监理合同提供监理服务而导致的第三方收费（不含税金）。

2.8 授权通知

委托人必须将履行监理服务的监理人及委托人授予监理人的权力，及时用书面形式通知第三方。

2.9 委托人指令的下达

委托人在本合同约定的服务范围内对承包人的任何意见或要求，应通过监理人向承包人提出。

2.10 保障

在监理人不违反有关法律、法规的前提下，委托人应保障监理人免受因履行本监理合同而引起的外界索赔或干扰。

3. 委托人管理

3.3 决定或答复

第3.3.2项细化为：

委托人对监理人关于本工程的工期、质量、投资、合约和安全等问题提出的请示应及时作出书面答复。除项目专用合同条款另有约定外，对上述请示给予书面答复的期限，自收到书面请示之日起最长不超过7天，重大问题不得超过28天。逾期没有作出答复的，视为已获得委托人的批准。

4. 监理人义务

4.2 履约保证金

本款细化为：

4.2.1 履约保证金自合同生效之日起生效。在签发合同工程交工证书后，监理人应按委托人要求的格式，以项目专用合同条款规定的额度向委托人提交缺陷责任期保函。委托人在收到监理人提交的缺陷责任期保函后7天内向监理人返还履约保证金。在签发工程缺陷责任终止证书后14天内，委托人向监理人返还缺陷责任期保函。

4.2.2 如果监理人不履行合同约定的义务或其履行不符合合同的约定，委托人有权扣划相应金额的履约保证金或缺陷责任期保函，但不影响监理人根据监理合同应当得到的其他款项的支付。

4.3 联合体

第4.3.3项细化为：

联合体牵头人负责与委托人联系并接受指示，负责组织联合体各成员全面履行合同。委托人就本合同工程向联合体牵头人发布的任何指令、指示、通知等均对联合体其他成员具有同等效力。

本款补充第4.3.4项：

4.3.4 未经委托人同意，联合体的组成、结构与业务分工均不得变动。

4.4 总监理工程师

第4.4.1项细化为：

监理人应按合同协议书的约定指派总监理工程师，并在约定的期限内到职。监理人更换总监理工程师应事先征得委托人同意，并应在更换14天前将拟更换的总监理工程师的姓名和详细资料提交委托人，拟更换的总监理工程师资历应不低于原总监理工程师。总监理工程师2天内不能履行职责的，应事先征得委托人同意，并委派代表代行其职责。

4.5 监理人员的管理

第 4.5.1 项、第 4.5.2 项细化为：

4.5.1 监理人应在接到开始监理通知之日起 7 天内，向委托人提交监理项目机构以及人员安排的报告，其内容应包括项目机构设置、主要监理人员和其他人员的名单及资格条件。主要监理人员应常驻现场并相对稳定。更换主要监理人员的，应取得委托人的同意，并向委托人提交继任人员的资格、管理经验等资料，继任人员的资历应不低于原监理人员。总监理工程师的更换，应按照本章第 4.4.1 项规定执行。

4.5.2 除项目专用合同条款另有约定外，主要监理人员包括总监理工程师、驻地监理工程师、专业监理工程师等；其他人员包括各专业的监理员、试验员、资料员等。

本条补充第 4.9 款：

4.9 党建工作要求

对于政府投资的国家高速公路项目，或监理人为国有控股或参股企业的，监理人应按规定在项目现场设立基层党组织。不满足上述情形的，监理人应创造条件使党员能够参加党组织生活并接受相应管理。

监理人在项目现场设立基层党组织的，应明确党组织机构设置、党组织负责人及党务工作人员配备情况，编制党务工作开展预案，并按照预案要求在项目实施过程中同步开展党务工作，充分发挥基层党组织在项目实施中的作用。

5. 监理要求

5.1 监理范围

第 5.1.3 项细化为：

阶段范围指公路工程建设程序中的施工准备阶段、施工阶段、验收与缺陷责任期阶段中的一个或者多个阶段，具体范围在项目专用合同条款中约定。

5.2 监理依据

本款细化为：

除项目专用合同条款另有约定外，本工程的监理依据如下：
(1) 适用的法律、行政法规及部门规章；
(2) 与工程有关的规范、标准、规程；
(3) 工程前期有关文件；
(4) 工程勘察文件、设计文件及其他文件；
(5) 本工程监理的委托合同及补充合同；
(6) 委托人签订的施工承包合同；

（7）合同履行中与监理服务有关的来往函件；

（8）其他监理依据。

5.3 监理内容

本款细化为：

监理人应按照《公路工程施工监理规范》及相关法律、法规开展监理服务。委托人须依据《公路工程施工监理规范》要求对监理机构的设置方式进行选择，并在项目专用合同条款中予以约定。各阶段监理服务包括但不限于以下内容，委托人可根据工程实际情况在项目专用合同条款中对其进行调整。

5.3.1 在工程同时设置总监办和驻地办时，总监办的监理服务内容为：

（1）总监办工地试验室按监理合同要求配备常规的试验检测设备，并须达到项目专用合同条款中约定的检查项目及频率要求；

（2）熟悉合同文件，调查施工环境条件；

（3）在合同约定的期限内主持编制监理计划；

（4）审批各驻地办主持编制的监理细则；

（5）参加设计交底；

（6）在合同约定的期限内审批承包人提交的施工组织设计（含安全技术措施、应急救援抢险方案、专项施工方案及施工环境保护措施）；

（7）审批承包人提交的总体进度计划，核批承包人对总体进度计划的调整计划；

（8）签发开工预付款支付证书；

（9）审批承包人提交的分项、分部、单位工程划分；

（10）检查承包人的质量、安全和环保等保证体系，审核工地试验室，抽查控制桩点复测、测定地面线和工程划分及驻地办工作；

（11）主持召开监理交底会；

（12）主持召开第一次工地会议；

（13）签发合同工程开工令；

（14）审批重要工程材料及混合料配合比；

（15）审核工程中期支付申请，签发中期支付证书；

（16）签发单位工程或合同工程的暂停令和复工令；

（17）受理合同其他事项的有关事宜，按合同约定审核、评估和处理工程变更、工程延期、费用索赔、价格调整、保险、违约、争端等合同事项；

（18）组织编写监理月报；

（19）根据工程需要主持召开专题工地会议；

（20）对发生的质量缺陷、质量隐患和质量事故进行调查、处理或督促承包人按规定报告有关部门；

（21）协助委托人审查交工验收申请，评定工程质量；

(22)参加委托人组织的合同工程交工验收;

(23)编写监理工作报告,并提交委托人;

(24)签认交工结账证书;

(25)组织编制工程监理竣工文件,并督促承包人按合同约定编制和整理竣工资料;

(26)在合同工程的缺陷责任期内,检查承包人剩余工程的实施;巡视检查已完工程,指示承包人修复发生的工程缺陷,调查、确认缺陷责任及修复费用;

(27)缺陷责任期结束,经检查符合条件时,签发合同工程缺陷责任终止证书;

(28)签认最后支付证书;

(29)参加工程竣工验收;

(30)按照项目专用合同条款约定提供其他工程管理咨询服务。

5.3.2 在工程同时设置总监办和驻地办时,驻地办的监理服务内容为:

(1)按项目专用合同条款的约定建立(或不建立)工地试验室,如需驻地办建立工地试验室,应配备现场抽查常用的试验检测设备,并在项目专用合同条款中明确检查项目和频率的要求;

(2)熟悉合同文件,调查施工环境条件;

(3)在总监办的安排下,参与编制监理计划,提供本驻地办相关资料;

(4)根据监理计划在相应工程开工前主持编制监理细则;

(5)参加设计交底;

(6)按规定程序初审本驻地监理标段承包人提交的施工组织设计(含安全技术措施、应急救援抢险方案、专项施工方案及施工环境保护措施);

(7)初审本驻地监理标段承包人提交的总体进度计划以及施工中进行的调整计划;

(8)对承包人提交的原始基准点、基准线和基准高程的复测结果进行平行复测,审核后予以批复;

(9)验收承包人测定的地面线;

(10)确认承包人提交的场地占用计划;

(11)核算承包人对工程量清单的复核结果;

(12)按合同约定对工程分包计划和协议进行审查,审查分包合同中是否明确了承包人与分包人各自在安全生产方面的责任;

(13)审批施工测量放线;

(14)审批一般工程原材料和混合料配合比;

(15)审查施工组织及人员配备;

(16)审查承包人进场的施工机械设备;

(17)审查承包人提交的分项、分部工程的施工方案及主要工艺;

(18)审批承包人月进度计划,检查和监督进度计划的实施;

(19)审批分项(部)工程的开工申请,签发分项、分部工程暂停令和复工令;

(20)验收构配件或设备;

(21)按有关规定和要求对工程进行巡视、旁站和抽检,并做好记录;

(22)对关键工序进行签认;

(23)对发生的质量缺陷、质量隐患和质量事故进行调查、处理或对不属于监理人权限处理的质量事故督促承包人按规定报告有关部门;

(24)对交工的单位、分部、分项工程进行检验和质量等级评定并签发《中间交工证书》;

(25)对已完工程按合同约定的方法进行计量;

(26)按有关规定及时对已完分部工程、单位工程及合同工程进行质量评定;

(27)编写本驻地监理标段的监理月报;

(28)主持召开工地会议和根据工程需要主持召开专题工地会议;

(29)编制标段监理竣工文件;

(30)编写本驻地监理标段的监理工作报告;

(31)参加本驻地监理标段合同工程的交工验收;

(32)初审交工结账证书;

(33)按照项目专用合同条款约定提供其他工程管理咨询服务。

5.3.3 在工程只设置总监办一级监理机构时,其监理服务内容为:

(1)按监理合同要求建立总监办工地试验室,配备常规的试验检测设备,并须达到项目专用合同条款中约定的检查项目及频率要求;

(2)熟悉合同文件,调查施工环境条件;

(3)在合同约定的期限内编制监理计划,根据监理计划在相应工程开工前编制监理细则;

(4)在合同约定的期限内审批承包人提交的施工组织设计(含安全技术措施、应急救援抢险方案、专项施工方案及施工环境保护措施);

(5)参加设计交底;

(6)审批承包人提交的总体进度计划,核批承包人对总体进度计划的调整计划;

(7)检查承包人工程质量、施工安全和施工环境保护等保证体系;

(8)审核承包人的工地试验室;

(9)对承包人提交的原始基准点、基准线和基准高程的复测结果进行平行复测,审核后予以批复;

(10)验收承包人测定的地面线;

(11)审批承包人提交的分项、分部、单位工程划分;

(12)确认承包人提交的场地占用计划;

(13)核算承包人对工程量清单的复核结果;

(14)签发开工预付款支付证书;

(15)主持召开监理交底会;

(16)主持召开第一次工地会议;

(17) 签发合同工程开工令;

(18) 按合同约定对工程分包计划和协议进行审查,并审查分包合同中是否明确了承包人与分包单位各自在安全生产方面的责任;

(19) 审批施工测量放线;

(20) 审批工程原材料及混合料配合比;

(21) 审查施工组织及人员配备;

(22) 审查承包人进场的施工机械设备;

(23) 审查承包人提交的分项、分部工程的施工方案及主要工艺;

(24) 审批承包人月进度计划,检查和监督进度计划的实施;

(25) 审批分项(分部)工程的开工申请;

(26) 验收构配件或设备;

(27) 按有关规定和要求对工程进行巡视、旁站和抽检,并做好记录;

(28) 对关键工序进行签认;

(29) 对发生的质量缺陷、质量隐患和质量事故进行调查、处理或对不属于监理人权限处理的质量事故督促承包人按规定报告有关部门;

(30) 签发单位或合同工程及分部(分项)工程的暂停令和复工令;

(31) 对交工的单位、分部、分项工程进行检验和质量等级评定并签发《中间交工证书》;

(32) 对已完工程按合同约定的方法进行计量;

(33) 审核工程中期支付申请,签发中期支付证书;

(34) 按有关规定及时对已完分部工程、单位工程及合同工程进行质量评定;

(35) 受理合同其他事项的有关事宜,按合同约定审核、评估和处理工程变更、延期、费用索赔、价格调整、保险、违约、争端等合同事项;

(36) 组织编写监理月报;

(37) 主持召开工地例会或根据工程需要主持召开专题工地会议;

(38) 协助委托人审查交工验收申请,评定工程质量;

(39) 参加委托人组织的合同工程交工验收;

(40) 编写监理工作报告,并提交委托人;

(41) 签认交工结账证书;

(42) 组织编制工程监理竣工文件,并督促承包人按合同约定编制和整理竣工资料;

(43) 在合同工程的缺陷责任期内,检查承包人剩余工程的实施;巡视检查已完工程,指示承包人修复发生的工程缺陷,调查、确认缺陷责任及修复费用;

(44) 缺陷责任期结束,经检查符合条件时,签发合同工程缺陷责任终止证书;

(45) 签认最后支付证书;

(46) 参加工程竣工验收;

(47) 按照项目专用合同条款约定提供其他工程管理咨询服务。

5.4 监理文件要求

第5.4.3项细化为：

除项目专用合同条款另有约定外,本工程监理文件包括监理管理文件、质量监理文件、安全监理文件、环保监理文件、费用与进度监理文件、合同事项管理文件,以及监理日志、巡视记录、旁站记录、监理月报、监理工作报告等其他监理文件和影像资料,具体类别、编制要求、编制内容、提交时间和份数等应满足《公路工程施工监理规范》的规定。

本条补充第5.5款至第5.7款：

5.5 监理服务形式

监理人应根据工程规模、难易程度、合同工期安排、现场条件等因素设置现场监理的组织机构并满足合同要求。委托人对监理人的机构设置要求在项目专用合同条款中约定。

5.6 监理服务目标

5.6.1 监理服务履约目标:除项目专用合同条款另有约定外,监理人提供的监理服务,应当符合国家有关法律、法规和标准规范,满足合同约定的服务内容和质量等要求。

5.6.2 对承包人履约管理的服务目标:在项目专用合同条款中约定。

5.7 委托人对监理人的授权

5.7.1 监理人根据监理合同提供监理服务时,在委托人授权权限范围内开展工作。授权权限在项目专用合同条款中约定。

5.7.2 如果监理人在监理服务过程中行使的权力或所需的授权,来自于委托人和第三方签订的工程合同文件,该合同文件应成为本监理合同的组成部分,两者之间如出现矛盾,则应编制补充说明文件一并列入监理合同。监理人应:

(1)根据监理合同文件和工程合同文件提供监理服务;

(2)根据职责范围,在委托人和第三方之间独立公正地行使上述合同文件赋予的权力;

(3)根据上述合同文件的授权,对相应的工程和合同事宜进行变更,但未经委托人的书面批准,不得变更工程合同文件中约定的工程标准和第三方的责任与义务。

6. 开始监理和完成监理

6.1 开始监理

第6.1.1项细化为：

符合项目专用合同条款约定的开始监理条件的,委托人应提前7天向监理人发出开始监理通知。监理服务期限自开始监理通知中载明的开始监理日期及监理人首批人员实际进场日期起算,以时间在后者为准。

监理人应按照监理合同约定的时间和有关期限履行和完成监理服务,根据本项目工程的进展情况和委托人批准的人员进场计划,安排监理人员及时进场。

本条补充第6.4款:

6.4 监理工作的暂停与监理合同的解除

6.4.1 出现根据本监理合同的约定不应由监理人负责的情况,且该情况已使监理人不能继续履行全部或部分监理服务时,监理人应立即书面通知委托人,并视情况采取相应措施:

(1)不得不暂停或减缓某些监理服务时,则上述服务的完成期限应予以延长,因此增加的监理服务工作量或延长的服务期限,委托人应按合同条款约定进行调整。

(2)全部监理服务已无法继续履行时,监理人在书面通知委托人28天之后,有权单方面解除本监理合同,因此增加的监理服务工作量所涉及费用,委托人应按合同条款约定进行调整,同时应及时向监理人返还全部或剩余部分的履约保证金。

(3)因不可抗力致使本监理合同不能履行或只能部分履行时,应按照本合同第10条规定的程序暂停监理服务或解除监理合同。

6.4.2 委托人要求监理人全部或部分暂停监理服务或解除本监理合同时,必须在56天之前发出书面通知。监理人在接到通知后,应立即安排停止全部或部分监理服务并将相关费用开支减至最小。因此增加的监理服务工作量所涉及的费用,委托人应按合同条款约定进行调整,同时及时向监理人返还全部或剩余部分的履约保证金。

6.4.3 监理人无正当的理由,未根据监理合同的约定履行全部或部分监理服务,委托人可书面要求监理人予以解释。若监理人在28天内未能根据本监理合同给予合理的答复,委托人可在进一步发出书面通知14天后,单方面解除本监理合同,并视情况对监理人的全部或部分履约保证金不予退还。

6.4.4 委托人拖延支付监理服务费用,并已超过合同条款约定支付期限后28天,或根据本合同第6.4.1项(1)目或第6.4.2项的约定,暂停监理服务已超过6个月,监理人可书面要求委托人予以解释。若委托人在28天内未能根据本监理合同给予合理的答复,监理人可在进一步发出书面通知14天后,单方面解除本监理合同或自行暂停全部或部分监理服务。因此增加的监理服务工作量所涉及的费用,委托人应按合同条款约定进行调整,同时应及时向监理人返还全部或剩余部分的履约保证金。

6.4.5 监理合同的解除,不得损害或影响双方根据本监理合同应有的义务、责任、权利和利益。

7. 监理责任与保险

7.1 监理责任主体

第7.1.2项、第7.1.3项细化为：

7.1.2 监理人应当建立健全工程质量保证体系，制定质量管理制度，强化工程质量管理措施，完善工程质量目标保障机制。

本工程施行质量责任终身制。监理人应当书面明确相应的总监理工程师和质量负责人。监理人的相关人员按照国家法律法规和有关规定在工程合理使用年限内承担相应的质量责任。

7.1.3 监理人对施工质量负监理责任，应当按合同约定设立现场监理机构，按规定程序和标准进行工程质量检查、检测和验收，对发现的质量问题及时督促整改，不得降低工程质量标准。

本工程交工验收前，监理人应当根据有关标准和规范要求对工程质量进行检查验证，编制工程质量评定或者评估报告，并提交委托人。

本款补充第7.1.4项：

7.1.4 监理人应当按照合同约定设立工地临时试验室，严格按照工程技术标准、检测规范和规程，在核定的试验检测参数范围内开展试验检测活动。

监理人应当对其设立的工地临时试验室所出具的试验检测数据和报告的真实性、客观性、准确性负责。

本条补充第7.3款：

7.3 人员和设备保险

监理人应在监理服务期内，自费办理派驻到工程所在地人员的人身和自备财产的有关保险，保险时间应随服务时间的延长而顺延，并在出险后自行办理索赔。如果监理人不办理上述保险，则应对有关风险及后果自负其责。

8. 合同变更

8.1 变更情形

第8.1.1项细化为：

合同履行中发生下述情形时，合同一方均可向对方提出变更请求，经双方协商一致后进行变更，监理服务期限和监理报酬的调整方法在项目专用合同条款中约定。

（1）监理范围发生变化；

（2）除不可抗力外，非监理人的原因引起的周期延误；

(3)非监理人的原因,对工程同一部分重复进行监理;

(4)非监理人的原因,对工程暂停监理及恢复监理;

(5)监理服务的形式与内容发生变化;

(6)因委托人或第三方的责任,阻碍或延误了监理人履行监理服务;

(7)委托人提出高于监理合同约定的服务目标,监理人为完成此目标导致投入增加。

9. 合同价格与支付

9.1 合同价格

第9.1.1项细化为:

本合同的报价方式在项目专用合同条款中约定。合同价格是监理人按照合同约定完成施工准备阶段、施工阶段、验收与缺陷责任期阶段监理服务所需的全部费用,应按投标文件格式中报价清单的内容和格式填报。

监理服务费用包括以下组成部分:

(1)监理人员服务费;

(2)监理办公设施费;

(3)监理交通设施费;

(4)监理试验设施费;

(5)监理生活设施费;

(6)利润。

除利润外,以上各项费用应分别按施工期(涵盖施工准备阶段和施工阶段)和缺陷责任期两个阶段填报,其中监理人员服务费应填报各级监理人员的人月单价及为完成监理服务所需要的总人月数量。各类监理人员的人月单价应包括监理人员履行监理服务时由于施工工艺的连续性导致不可避免的加班费用,在上述情况发生时,委托人将不考虑另行支付监理人员的加班费用。

监理人因完成本项目施工监理服务需计取的企业管理费及需缴纳的一切税费均由监理人承担,并包含在所报的各项监理服务费用之内,委托人不单独支付。

除本合同第8条约定的变更情形和项目专用合同条款约定的其他情形外,本监理合同的监理服务费用在合同实施期间一律不予调整。

除项目专用合同条款另有约定外,因工程提前完成导致监理服务期限缩短,且在监理人已履行本合同规定义务的情况下,委托人不能以监理人提前完成监理为由而减少监理报酬。

9.2 预付款

本款细化为:

为使监理服务能够及时开展,委托人应在监理合同签订后7天内按监理服务费总额的10%向监理人支付预付款,项目专用合同条款另有约定的除外。

预付款在施工阶段监理服务费支付的累计金额达到签约合同价的30%时开始抵扣,全部预付款应在施工阶段监理服务费累计支付到签约合同价的80%时扣完。

预付款应专用于本工程的监理。监理人无须向委托人提交预付款保函,但监理人提交的履约保证金对预付款的正常使用承担保证责任。

9.3 中期支付

本款细化为:

9.3.1 监理人应在各月末向委托人提交由总监理工程师签署的按委托人批准格式填写的监理服务费付款申请单一式三份,该付款申请单包括以下栏目,监理人应逐项填写清楚:

(1)本月应向监理人支付的(结算的)监理服务费用;
(2)本月应支付的监理服务变更费用;
(3)本月应支付的预付款;
(4)根据合同规定,本月应结算的其他款项;
(5)本月应扣回的预付款;
(6)根据合同规定,本月应扣除的其他款项。

9.3.2 委托人将在收到监理人提交的监理服务费付款申请单后28天内进行核实并予以支付。除项目专用合同条款另有约定外,支付原则如下:

(1)施工期间的监理人员服务费根据各级监理人员的人月单价及本月实际完成的监理服务时间计算并支付(各岗位监理人员的人月数以监理人记录并经委托人签字确认的监理人员出勤情况为依据)。本项目各月累计支付的监理人员服务费总额不得超过监理人在监理服务费报价清单中填报的施工期监理人员服务费合计金额,超过部分委托人将不再予以支付。[①]

(2)施工期间的监理办公设施费、交通设施费、试验设施费及生活设施费由监理人包干使用,上述四项设施费的报价总额按月度等额支付给监理人。监理人必须保证实际投入本项目的办公设施、交通设施、试验设施及生活设施能满足本招标文件的要求和实际工作的需要,且不低于监理人投标文件中所列设施,否则委托人将根据本合同第11.1.2项的规定从其报价总额中扣除违约赔偿金。

(3)缺陷责任期内的监理人员服务费、监理办公设施费、交通设施费、试验设施费及生活设施费将在本项目的缺陷责任期开始后,分四次等额支付给监理人。

(4)监理服务变更费用经双方协商确认后,在监理服务所对应工作期限内按月平均

[①] 根据招标项目实际情况,在项目专用合同条款中可将本目内容修改为"(1)施工期间的监理人员服务费根据各级监理人员服务费的报价总额按月度等额支付给监理人。监理人必须保证实际投入本项目的监理人员能满足本招标文件的要求和实际工作的需要,否则委托人将根据本合同第11.1.2项的规定从其报价总额中扣除违约赔偿金。"

支付或按双方所签订补充协议约定的支付方式进行支付。

（5）根据合同条款第 8.2.2 项约定对监理人的奖励，委托人应于对监理人的当期支付费用中一次性支付。

（6）根据合同条款第 11.1 款确定的监理人对委托人的违约赔偿金，由委托人从对监理人的当期监理服务费计量支付报表中予以核减；当期监理服务费不足以抵扣违约赔偿金时，则从后续监理服务费计量支付报表或履约保证金中扣回。

（7）根据通用合同条款第 11.2 款确定的委托人对监理人的赔偿金，应由委托人与监理人协商确定后在对监理人当期支付费用中一次性支付。

9.3.3　委托人在收到监理人提交的书面支付申请且监理人提交了合格的增值税专用发票后，应按上述条款约定的支付期限内支付监理服务费用。委托人未能在前述时间内完成审批或不予答复的，视为委托人同意中期支付申请。委托人未按期支付到期应付的款项，应承担违约责任，并支付逾期付款违约金，逾期付款的违约金以到期应付而未付的款项，按照银行同期贷款利率加手续费计算相应的利息，时间自未付款项的应付之日起算。

9.3.4　委托人对监理人要求支付的款项中的任何部分有异议的，应在收到监理人提交的书面支付申请 7 天内发出书面通知说明理由，但不得借此延误对监理人其他应得款项的支付。

9.3.5　中期支付涉及政府投资资金的，按照国库集中支付等国家相关规定和项目专用合同条款的约定执行。

9.4　费用结算

本款细化为：

9.4.1　在施工阶段监理服务工作结束后 7 天内，监理人应将至交工证书申请之日前实际发生的监理服务费用，扣减预付款和监理人赔偿金后余额的支付申请上报至委托人，委托人应在收到该支付申请后 7 天内予以审批，在批复后 14 天内向监理人支付费用。监理人在提交支付申请的同时，应按合同条款第 4.2.1 项的约定向委托人提交缺陷责任期保函，委托人在收到监理人提交的缺陷责任期保函后 7 天内向监理人返还履约保证金。

9.4.2　在签发工程缺陷责任终止证书后 7 天内，监理人应将工程缺陷责任期内未结清的监理服务费用和其他应由委托人向监理人支付的剩余款项，扣减其他应由委托人从监理人扣回款项的支付申请上报至委托人，委托人应在收到该支付申请后 7 天内予以审批，在批复后 14 天内向监理人支付费用，同时委托人向监理人返还缺陷责任期保函。

9.4.3　委托人在收到监理人提交的书面支付申请且监理人提交了合格的增值税专用发票后，应按上述条款约定的支付期限内支付监理服务费用。委托人未能在前述时间内完成审批或不予答复的，视为委托人同意费用结算申请。委托人未按期支付到期应付的款项,应承担违约责任,并支付逾期付款违约金,逾期付款的违约金以到期应付而未付的款项,按照银行同期贷款利率加手续费计算相应的利息,时间自未付款项的应付之日起算。

9.4.4 委托人对费用结算申请内容有异议的,有权要求监理人进行修正和提供补充资料,由监理人重新提交。监理人对此有异议的,按第12条的约定执行。

9.4.5 最终结清付款涉及政府投资资金的,按第9.3.5项的约定执行。

本条补充第9.5款、第9.6款:

9.5 暂列金额

本合同的暂列金额在项目专用合同条款中约定。暂列金额应按委托人的书面指示全部或部分地使用,或根本不予动用。暂列金额主要用于支付监理服务的变更费用。

9.6 货币

除项目专用合同条款另有约定外,委托人采用人民币支付监理服务费用。涉及外币支付的,其货币种类、比例和汇率等事宜,在项目专用合同条款中约定。

11. 违约

11.1 监理人违约

本款细化为:

11.1.1 合同履行中发生下列情况之一的,属监理人违约:

(1)监理文件不符合规范标准以及合同约定;

(2)监理人转让或分包监理工作;

(3)监理人未按合同约定实施监理并造成工程损失;

(4)监理人向承包人索贿、谋取私利,或与承包人串通损害委托人利益,给委托人造成损失;

(5)监理人未按《公路工程施工监理规范》的规定对主要工程或关键工序进行旁站、巡视或抽检;

(6)监理人未能按照投标文件的承诺或合同文件的约定配备满足监理服务需求的人员或设备;

(7)监理人无法履行或停止履行合同;

(8)监理人不履行合同约定的其他义务。

11.1.2 监理人发生违约情况时,委托人可向监理人发出整改通知,要求其在限定期限内纠正;逾期仍不纠正的,委托人有权解除合同并向监理人发出解除合同通知。发生第11.1.1项(2)目或(4)目情形时,委托人可直接发出解除合同通知。

监理人应当承担由于违约所造成的费用增加、周期延误和委托人损失等。委托人有权向监理人课以项目专用合同条款中约定的违约金,并由委托人将其违约行为上报省级交通运输主管部门,作为不良记录纳入公路建设市场信用信息管理系统。

11.1.3 监理人对委托人损失的赔偿责任

监理人违反监理合同的约定并造成委托人的经济损失,应向委托人赔偿,除项目专用合同条款另有约定外,赔偿金应按下式计算:

赔偿金 = 委托人直接经济损失所对应的监理费 × 监理人应承担责任的比例

监理人对由于第三方责任造成的任何经济损失,不承担责任。如果监理人与委托人或第三方对有关经济损失共负责任时,应按责任比例计算赔偿。监理人的上述责任赔偿,均应按照本合同条款第 11.5 款的约定办理。

11.1.4 监理人对委托人未授权的监理服务范围不承担监理责任。

11.2 委托人违约

本款细化为:

11.2.1 合同履行中发生下列情况之一的,属委托人违约:

(1)委托人未按合同约定支付监理报酬;

(2)委托人原因造成监理停止;

(3)委托人无法履行或停止履行合同;

(4)委托人无正当理由不按时返还履约保证金或缺陷责任期保函;

(5)委托人不履行合同约定的其他义务。

11.2.2 委托人发生违约情况时,监理人可向委托人发出暂停监理通知,要求其在限定期限内纠正;逾期仍不纠正的,监理人有权解除合同并向委托人发出解除合同通知。委托人应当承担由于违约所造成的费用增加、周期延误和监理人损失等。监理人有权向委托人课以项目专用合同条款中约定的违约金。

11.2.3 委托人对监理人损失的赔偿责任

委托人违反监理合同的约定并造成监理人的经济损失,除项目专用合同条款另有约定外,委托人应据实赔偿监理人的直接经济损失。

本条补充第 11.4 款、第 11.5 款:

11.4 赔偿责任的期限

委托人或监理人任何一方向另一方要求的赔偿,均应在赔偿事件发生后的 28 天之内以书面形式提出索赔。如果该事件具有持续性,则应在事件首次发生后 7 天之内提出索赔意向,并每隔 7 天提供一次该事件仍在持续发展的证明材料,直至该事件结束后 28 天之内提出正式的索赔文件。无论是委托人还是监理人,逾期未提出书面索赔意向书,均失去索赔权利。

11.5 赔偿的限额

除项目专用合同条款另有约定外,合同一方当事人向对方当事人依据本合同条款第11.1款和第11.2款支付赔偿的最高限额为:

(1)监理人的累计赔偿限额为监理服务费总额的30%,当达到此限额时,委托人有权单方面终止监理合同,同时监理人的履约保证金不予退还。

(2)委托人赔偿监理人的直接经济损失的累计限额为监理服务费总额。

合同双方同意放弃超过上述限额的剩余赔偿要求,但本合同其他条款约定的补偿和由于任何一方故意违约而引起的索赔,不受该限额的限制。

12. 争议的解决

本条补充:

采用仲裁方式最终解决争议的项目,仲裁裁决是终局性的并对委托人和监理人双方均具有约束力。全部仲裁费用应由败诉方承担,或按仲裁委员会裁决的比例分担。

B. 项目专用合同条款

说明：

1. 招标人在根据《公路工程标准施工监理招标文件》编制项目招标文件中的"项目专用合同条款"时，可根据招标项目的具体特点和实际需要，对"通用合同条款"及"公路工程专用合同条款"进行补充和细化，除"通用合同条款"明确"专用合同条款"可作出不同约定以及"公路工程专用合同条款"明确"项目专用合同条款"可作出不同约定外，补充和细化的内容不得与"通用合同条款"及"公路工程专用合同条款"强制性规定相抵触。同时，补充、细化或约定的内容，不得违反法律、行政法规的强制性规定和平等、自愿、公平和诚实信用原则。

2. 项目专用合同条款的编号应与通用合同条款和公路工程专用合同条款一致。

3. 项目专用合同条款可对下列内容进行补充和细化：

（1）"通用合同条款"中明确指出"专用合同条款"可对"通用合同条款"进行修改的内容（在"通用合同条款"中用"应按合同约定""按专用合同条款约定""除合同另有约定外""除专用合同条款另有约定外""在专用合同条款中约定"等多种文字形式表达）；

（2）"公路工程专用合同条款"中明确指出"项目专用合同条款"可对"公路工程专用合同条款"进行修改的内容（在"公路工程专用合同条款"中用"除项目专用合同条款另有约定外""项目专用合同条款约定的""项目专用合同条款约定的其他情形"等多种文字形式表达）；

（3）其他需要补充、细化的内容。

1. 一般约定

1.1 词语定义

1.1.2.2 委托人：_____。

1.1.3.1 本次进行施工监理招标的项目为_____公路工程。

工程地点：_____；

起讫桩号：_____；

施工合同标段划分：_____；

监理合同标段划分：_____；

工程概况：_____。

1.12 委托人要求

1.12.3 委托人提供国外规范和标准的时间：_____，提供数量：_____，其他要求：_____。

4. 监理人义务

4.2 履约保证金

4.2.1 缺陷责任期保函金额：_____。[①]

5. 监理要求

5.1 监理范围

5.1.2 工程范围包括：_____。

5.1.3 阶段范围包括：_____。

5.1.4 工作范围包括：_____。

5.3 监理内容

☐ 工程同时设置总监理工程师办公室和驻地监理工程师办公室：总监理工程师办公室设立工地试验室，驻地监理工程师办公室不设立工地试验室，总监办工地试验室相应的检查项目和抽检频率：_____。

[①] 缺陷责任期保函金额最高不超过监理服务费用总额的3%。委托人可根据招标项目所在地省级交通运输主管部门的有关规定，对信用等级较高的监理人，在缺陷责任期保函方面给予一定额度的优惠。

☐ 工程同时设置总监理工程师办公室和驻地监理工程师办公室:总监理工程师办公室和驻地监理工程师办公室均设立工地试验室,总监办和驻地办工地试验室相应的检查项目和抽检频率:_____;

☐ 工程只设置总监理工程师办公室:总监理工程师办公室设立工地试验室,工地试验室相应的检查项目和抽检频率:_____。

监理人自行设立工地试验室的,应具有相应的《公路水运试验检测机构等级证书》,否则,监理人应委托具有相应资格的第三方试验检测机构设立工地试验室。

5.5 监理服务形式

监理服务机构设置:_____。

总监理工程师办公室按 __(组建原则、设立方式)__ 组建,下设____个驻地监理工程师办公室。

5.6 监理服务目标

5.6.2 对承包人履约管理的服务目标:_____。

5.7 委托人对监理人的授权

5.7.1 委托人对监理人的授权权限:_____。

6. 开始监理和完成监理

6.1 开始监理

6.1.1 满足以下条件时,委托人应向监理人发出开始监理通知:
_____。

6.2 监理周期延误

由于非监理人责任造成监理服务期限延误的,延长监理服务期限的计算方法:_____;增加监理服务费用的计算方法:_____。

8. 合同变更

8.1 变更情形

8.1.1 合同变更时,监理服务期限的调整方法:_____;监理服务费用的调整方法:

(1)监理人员服务费=增加的服务工作日数×监理人员日平均单价(即人月单价÷

21.75)。

(2)监理办公设施费、交通设施费(含燃料消耗等费用)、试验设施费及生活设施费将按照因增加监理服务而导致实际增加的设施数量及监理单位在报价清单中填报的相应价格进行支付。

8.2 合理化建议

8.2.2 监理人提出的合理化建议降低了工程投资、缩短了施工期限或者提高了工程经济效益的,委托人给予监理人如下奖励:_____。

9. 合同价格与支付

9.1 合同价格

9.1.1 本合同的报价方式:__总价或单价__。

在合同实施期间,由于人工、材料、设备等因素的市场价格变化导致本项目监理服务费用变化,合同价格的调整方式和风险范围划分:_____。

9.3 中期支付

9.3.5 中期支付涉及政府投资资金的,支付规定如下:_____。

9.5 暂列金额

本合同的暂列金额为监理服务费的____%。[①]

11. 违约

第 11.1 款细化为:

11.1 监理人违约

11.1.2 监理人发生违约情况时,委托人有权向监理人课以违约金,具体约定如下:_____。

11.2 委托人违约

11.2.2 委托人发生违约情况时,监理人有权向委托人课以违约金,具体约定如下:_____。

---

① 暂列金额最高不宜超过监理服务费用总额的5%。

12. 争议的解决

争议的最终解决方式：___仲裁或诉讼___。

如采用仲裁,仲裁机构名称：_____仲裁委员会。

如采用诉讼,诉讼机构名称：_____法院。

第三节 合同附件格式

附件一 合同协议书

合同协议书

_____（委托人名称，以下简称"委托人"）为实施_____（项目名称），已接受_____（监理人名称，以下简称"监理人"）对该项目_____标段施工监理的投标。委托人和监理人共同达成如下协议。

1. 第____标段由 K____+____至 K____+____，长约____km，公路等级为____，设计速度为____，____路面，有____立交____处；特大桥____座，计长____m；大中桥____座，计长____m；隧道____座，计长____m 以及其他构造物工程等。

2. 下列文件应视为构成合同文件的组成部分：

(1) 本合同协议书及各种合同附件；

(2) 中标通知书；

(3) 投标函；

(4) 项目专用合同条款；

(5) 公路工程专用合同条款；

(6) 通用合同条款；

(7) 委托人要求；

(8) 监理服务费用清单；

(9) 监理人有关人员、试验检测设备投入的承诺；

(10) 其他合同文件。

上述合同文件互相补充和解释。如果合同文件之间存在矛盾或不一致之处，以上述文件的排列顺序在先者为准。

3. 签约合同价：人民币（大写）_____元（¥_____）。

其中：施工阶段（包括施工准备阶段）_____元；

缺陷责任期阶段_____元。

4. 总监理工程师或驻地监理工程师：_____。

5. 监理工作质量符合的标准和要求：_____；安全目标：_____。

6. 监理人承诺按合同约定承担工程的施工监理。

7. 委托人承诺按合同约定的条件、时间和方式向监理人支付合同价款。

8. 监理人计划开始监理日期：_____，实际日期按照合同条款中约定的开始监理日期为准。监理服务期限：____日历天，其中：施工阶段（含施工准备阶段）监理____日历天，缺陷责任期阶段监理____日历天。

9. 本协议书在监理人提供履约保证金后，由双方法定代表人或其委托代理人签署并加盖单位章后生效。全部工程完工后经交工验收合格、缺陷责任期满签发缺陷责任终止证书后失效。

10. 本协议书正本二份、副本____份,合同双方各执正本一份,副本____份,当正本与副本的内容不一致时,以正本为准。

11. 合同未尽事宜,双方另行签订补充协议。补充协议是合同的组成部分。

委托人:_____(盖单位章)　　监理人:_____(盖单位章)

法定代表人或其委托代理人:____(签字)　　法定代表人或其委托代理人:____(签字)

　　　____年___月___日　　　　　　　　　　____年___月___日

附件二 廉政合同

廉 政 合 同

根据《关于在交通基础设施建设中加强廉政建设的若干意见》以及有关工程建设、廉政建设的规定,为做好工程建设中的党风廉政建设,保证工程建设高效优质,保证建设资金的安全和有效使用以及投资效益,＿＿＿＿＿＿(项目名称)的项目法人＿＿＿＿＿＿(项目法人名称,以下简称"委托人")与该项目＿＿＿＿标段的施工监理单位＿＿＿＿＿＿(施工监理单位名称,以下简称"监理人"),特订立如下合同。

1. 委托人和监理人双方的权利和义务

(1)严格遵守党的政策规定和国家有关法律法规及交通运输部的有关规定。

(2)严格执行＿＿＿＿＿＿(项目名称)＿＿＿＿标段施工监理合同文件,自觉按合同办事。

(3)双方的业务活动坚持公开、公正、诚信、透明的原则(法律认定的商业秘密和合同文件另有规定除外),不得损害国家和集体利益,不得违反工程建设管理规章制度。

(4)建立健全廉政制度,开展廉政教育,设立廉政告示牌,公布举报电话,监督并认真查处违法违纪行为。

(5)发现对方在业务活动中有违反廉政规定的行为,有及时提醒对方纠正的权利和义务。

(6)发现对方严重违反本合同义务条款的行为,有向其上级有关部门举报、建议给予处理并要求告知处理结果的权利。

2. 委托人的义务

(1)委托人及其工作人员不得索要或接受监理人的礼金、有价证券和贵重物品,不得让监理人报销任何应由委托人或委托人工作人员个人支付的费用等。

(2)委托人工作人员不得参加监理人安排的超标准宴请和娱乐活动;不得接受监理人提供的通信工具、交通工具和高档办公用品等。

(3)委托人及其工作人员不得要求或者接受监理人为其住房装修、婚丧嫁娶活动、配偶子女的工作安排以及出国出境、旅游等提供方便等。

(4)委托人工作人员及其配偶、子女不得从事与委托人工程有关的材料设备供应、工程分包、劳务等经济活动等。

(5)委托人及其工作人员不得以任何理由向监理人推荐分包单位或推销材料,不得要求监理人购买合同规定外的材料和设备。

(6)委托人工作人员要秉公办事,不准营私舞弊,不准利用职权从事各种个人有偿中介活动和安排个人施工监理队伍。

3. 监理人的义务

(1)监理人不得以任何理由向委托人及其工作人员行贿或馈赠礼金、有价证券、贵重礼品。

（2）监理人不得以任何名义为委托人及其工作人员报销应由委托人单位或个人支付的任何费用。

（3）监理人不得以任何理由安排委托人工作人员参加超标准宴请及娱乐活动。

（4）监理人不得为委托人单位和个人购置或提供通信工具、交通工具和高档办公用品等。

4. 违约责任

（1）委托人及其工作人员违反本合同第1、2条，按管理权限，依据有关规定给予党纪、政纪或组织处理；涉嫌犯罪的，移交司法机关追究刑事责任；给监理人单位造成经济损失的，应予以赔偿。

（2）监理人及其工作人员违反本合同第1、3条，按管理权限，依据有关规定给予党纪、政纪或组织处理；给委托人单位造成经济损失的，应予以赔偿；情节严重的，委托人建议交通运输主管部门给予监理人一至三年内不得进入其主管的公路建设市场的处罚。

5. 双方约定：本合同由双方或双方上级单位的纪检监察部门负责监督执行。由委托人或委托人上级单位的纪检监察部门约请监理人或监理人上级单位纪检监察部门对本合同执行情况进行检查，提出在本合同规定范围内的裁定意见。

6. 本合同有效期为委托人和监理人签署之日起至该工程项目竣工验收后止。

7. 本合同作为_____（项目名称）____标段施工监理合同的附件，与工程施工监理合同具有同等的法律效力，经合同双方签署后立即生效。

8. 本合同一式四份，由委托人和监理人各执一份，送交委托人和监理人的监督单位各一份。

委托人：_____（盖单位章）　　监理人：_____（盖单位章）
法定代表人或其委托代理人：____（签字）　　法定代表人或其委托代理人：____（签字）
　　　　_____年___月___日　　　　　　　　　　　　_____年___月___日

委托人监督单位：（全称）（盖单位章）　　　　监理人监督单位：（全称）（盖单位章）

附件三 其他主要监理人员最低要求[①]

人　　员	数　　量	资　格　要　求

① a. 招标人应在招标文件中规定若投标人在所投标段中标需派驻的其他主要监理人员。监理人员的岗位、数量及资格条件要求应按照《公路工程施工监理规范》(JTG G10—2016)的规定设置。上述人员的具体人选由招标人和中标人在合同谈判阶段确定,且经招标人审批后作为派驻本标段的主要监理人员,不允许更换。如中标人拟派驻的人员数量和资格条件不满足本表要求,招标人应取消其中标资格。

b. 本表不适用于已按资格预审文件或招标文件要求提供了其他主要监理人员的特别复杂的特大桥梁和特长隧道项目主体工程以及其他有特殊要求的工程。

附件四　主要试验检测设备最低要求[①]

设备名称	规格、功率及容量	单位	最低数量要求

[①] a. 招标人应在招标文件中规定若投标人在所投标段中标需提供的主要试验检测设备。招标人将在合同谈判阶段要求中标人按照本表的最低要求填报为本标段配备的主要设备，在经招标人审批后作为投入本标段的主要设备且不允许更换。如招标人拟提供的设备数量和规格指标等不满足本表要求，招标人应取消其中标资格。

b. 本表适用于所有监理招标项目。

附件五　履约保证金格式

如采用银行保函,格式如下。

履约保证金

_____（委托人名称）：

鉴于_____（委托人名称,以下简称"委托人"）接受_____（监理人名称）（以下称"监理人"）于_____年___月___日参加_____（项目名称）___标段施工监理的投标。我方愿意无条件地、不可撤销地就监理人履行与你方订立的合同,向你方提供担保。

1. 担保金额人民币（大写）_____元（¥_____）。

2. 担保有效期自委托人与监理人签订的合同生效之日起至委托人签发交工验收证书且监理人按照合同约定提交缺陷责任期保函之日止。①

3. 在本担保有效期内,因监理人违反合同约定的义务给你方造成经济损失时,我方在收到你方以书面形式提出的在担保金额内的赔偿要求后,在 7 天内无条件支付,无须你方出具证明或陈述理由。

4. 委托人和监理人按合同条款变更合同时,我方承担本担保规定的义务不变。

担　保　人：_____（盖单位章）
法定代表人或其委托代理人：_____（签字）
地　　　址：_____
邮政编码：_____
电　　话：_____
传　　真：_____
　　　_____年___月___日

---

① 本条内容可修改为:"本担保自_____（生效日期）之日起生效,至_____（失效日期）之日失效。" 如委托人接受履约保函采用固定有效期,在项目专用合同条款中应增加保证监理人在履约保函失效日前向委托人出具后续阶段履约保函的约束性条款,直至委托人签发交工验收证书且监理人按照合同约定提交缺陷责任期保函之日为止。

第 二 卷

第五章　委托人要求[①]

[①] 招标人可结合招标项目具体特点和实际需要,对本章内容进行补充、细化。

委托人要求

委托人要求应尽可能清晰准确,对于可以进行定量评估的工作,委托人要求不仅应明确规定其功能、用途、质量、环境、安全,并且要规定检验、试验、试运行的具体要求。对于监理人负责提供的有关服务,在委托人要求中应一并明确规定。

委托人要求通常包括但不限于以下内容。

一、监理要求

招标人应当根据项目情况在本章中明确相应的监理要求,一般应包括以下内容:

(一)项目概况

1. 项目名称、建设单位、建设规模、技术标准、项目地理位置;项目的起讫地点、主要控制点;桥涵的结构形式;独立特大桥的桥型、荷载标准、跨径、桥长、桥宽、基础、水深、引道长度等;独立隧道的长度、宽度、防水排水、衬砌和设施等;附属设施标准、规格等;

2. 项目周边环境、文物情况;

3. 水文、气候、气象及地质简况;

4. 交通、电力、通信及其他条件等。

(二)监理范围及内容

包括监理范围及主要监理内容,与监理范围对应的施工标段划分及各标段主要工程数量表等。

(三)监理依据

(四)监理人员和试验检测仪器设备要求

(五)其他要求

二、适用规范标准

(一)通用施工监理规范

执行《公路工程施工监理规范》(JTG G10—2016)。

(二)专用施工监理规范

专用施工监理规范由招标人根据工程的实际情况,在《公路工程施工监理规范》(JTG G10—2016)的基础上自行编制并纳入"委托人要求"中,但不得与国家、交通运输部及有关部门的法规、标准、规范等矛盾。

针对本工程或仅在本地区实行的与监理工作有关的管理办法、制度应一并纳入"委托人要求"中。

(三)施工技术规范

施工技术规范包括以下内容:

1. 本工程施工标段招标文件中的技术规范;

2. 所有与工程施工有关的国家现行的公路建设标准、规范、规程及相关文件。

（四）国家、行业、项目所在地适用本工程的其他规范、标准或规程

三、成果文件要求

（一）成果文件的组成

（二）成果文件的深度

（三）成果文件的格式要求

（四）成果文件的份数要求

（五）成果文件的载体要求

1. 纸质版的要求

2. 电子版的要求

3. 其他要求

（六）成果文件的其他要求

四、委托人财产清单

（一）委托人提供的设备、设施

1. 委托人提供的办公房屋及冷暖设施：如办公室数量及面积、空调等

2. 委托人提供的设备清单：如计算机、投影、打印机、复印机等

3. 委托人提供的设施清单：如办公桌椅、文件柜等

……

（二）委托人提供的资料

1. 施工场地及毗邻区域内的供水、排水、供电、供气、供热、通信、广播电视等地下管线资料、气象和水文观测资料，相邻建筑物和构筑物、地下工程的有关资料，以及其他与公路工程有关的原始资料

2. 定位放线的基准点、基准线和基准标高

3. 委托人取得的有关审批、核准和备案材料

4. 勘察文件、设计文件等资料

5. 技术标准、规范

6. 工程承包合同及其他相关合同

7. 其他资料

……

（三）委托人财产使用要求及退还要求

1. 委托人财产使用要求

2. 委托人财产退还要求

……

五、委托人提供的便利条件

（一）委托人提供的生活条件

（二）委托人提供的交通条件

（三）委托人提供的网络、通信条件

（四）委托人提供的协助人员

……

六、监理人需要自备的工作条件

（一）监理人自备的工作手册：如本项目必备的规范标准、图集等

（二）监理人自备的办公设备：如计算机、软件、投影、打印机、复印机、照相机等

（三）监理人自备的交通工具：如出行车辆等

（四）监理人自备的现场办公设施：如办公桌椅、文件柜等

（五）监理人自备的安全设施：如安全帽、安全鞋、手电筒等

（六）监理人自备的试验检测仪器、设备、工具

（七）监理人自备的试验用房、样品用房

……

七、委托人的其他要求

委托人的其他要求：

……

第六章　图纸和资料

第 三 卷

第七章　投标文件格式[①]

[①] 招标人可结合招标项目具体特点和实际需要,对本章内容进行补充、细化。

_____省（自治区、直辖市）

_____（项目名称）_____标段施工监理招标

投 标 文 件

（商务及技术文件）

投标人：_____（盖单位章）

_____ 年 ____ 月 ____ 日

目 录

一、投标函

二、授权委托书或法定代表人身份证明

三、联合体协议书

四、投标保证金

五、资格审查资料

六、技术建议书

七、其他资料

第七章 投标文件格式

一、投 标 函

_____（招标人名称）：

1. 我方已仔细研究_____（项目名称）_____标段施工监理招标文件的全部内容（含补遗书第____号至第____号），在考察工程现场后，愿意以第二个信封（报价文件）中的投标总报价（或根据招标文件规定修正核实后确定的另一金额），按合同约定完成施工监理工作。

2. 我方承诺在招标文件规定的投标有效期内不撤销投标文件。

3. 总监理工程师或驻地监理工程师姓名：_____，年龄：_____，职称：_____，监理工程师证书：_____。

4. 质量要求：_____，安全目标：_____，监理服务期限：_____。

5. 如我方中标，我方承诺：

（1）在收到中标通知书后，在中标通知书规定的期限内与你方签订合同；

（2）在签订合同时不向你方提出附加条件；

（3）按照招标文件要求提交履约保证金；

（4）在合同约定的期限内完成合同规定的全部义务；

（5）在你方和我方进行合同谈判之前，我方将按照合同附件提出的最低要求填报派驻本标段的其他主要监理人员及主要试验检测设备，经你方审批后作为派驻本标段的主要监理人员和主要试验检测设备且不进行更换。如我方拟派驻的人员和设备不满足合同附件要求，你方有权取消我方中标资格。①

6. 我方在此声明，所递交的投标文件及有关资料内容完整、真实和准确，且不存在招标文件第二章"投标人须知"第1.4.3项和第1.4.4项规定的任何一种情形。

7. 在合同协议书正式签署生效之前，本投标函连同你方的中标通知书将构成我们双方之间共同遵守的文件，对双方具有约束力。

8. _____（其他补充说明）。

投 标 人：_____（盖单位章）②
法定代表人或其委托代理人：_____（签字）

---

① 对于已按资格预审文件或招标文件要求提供了其他主要监理人员的项目，本条款应修改为"在你方和我方进行合同谈判之前，我方将按照合同附件提出的最低要求填报拟投入的主要试验检测设备，经你方审批后作为投入本标段的主要试验检测设备且不进行更换。如我方拟投入的设备不满足合同附件要求，你方有权取消我方中标资格。"

② 投标人仅须在投标函上加盖单位章，或由法定代表人或其委托代理人签字。

地　　址：_____

网　　址：_____

电　　话：_____

传　　真：_____

邮政编码：_____

_____年_____月_____日

二、授权委托书或法定代表人身份证明

（一）授权委托书[①]

本人_____（姓名）系_____（投标人名称）的法定代表人，现委托_____（姓名）为我方代理人。代理人根据授权，以我方名义签署、澄清确认、递交、撤回、修改_____（项目名称）_____标段施工监理投标文件、签订合同和处理有关事宜，其法律后果由我方承担。

委托期限：自本委托书签署之日起至投标有效期期满。

代理人无转委托权。

附：法定代表人身份证复印件及委托代理人身份证复印件。

投　标　人：_____（盖单位章）
法定代表人：_____（签字）
身份证号码：_____
委托代理人：_____（签字）
身份证号码：_____

____年___月___日

注：

1. 法定代表人和委托代理人必须在授权委托书上亲笔签名，不得使用印章、签名章或其他电子制版签名代替；

2. 以联合体形式投标的，本授权委托书应由联合体牵头人的法定代表人按上述规定签署。

---

① 如果由投标人的法定代表人签署投标文件，则无须提交授权委托书。

（二）法定代表人身份证明

投标人名称：_____

姓名：__(法定代表人亲笔签字)__ 性别：_____ 年龄：_____ 职务：_____

系_____（投标人名称）的法定代表人。

特此证明。

附：法定代表人身份证复印件。

投标人：_____（盖单位章）

_____年____月____日

注：法定代表人的签字必须是亲笔签名，不得使用印章、签名章或其他电子制版签名代替。

三、联合体协议书[①]

　　_____（所有成员单位名称）自愿组成_____（联合体名称）联合体,共同参加_____（项目名称）____标段施工监理投标。现就联合体投标事宜订立如下协议。

　　1._____（某成员单位名称）为_____（联合体名称）牵头人。

　　2.联合体各成员授权牵头人代表联合体参加投标活动,签署文件,提交和接收相关的资料、信息及指示,进行合同谈判活动,负责合同实施阶段的组织和协调工作,以及处理与本招标项目有关的一切事宜。

　　3.联合体牵头人在本项目中签署的一切文件和处理的一切事宜,联合体各成员均予以承认。联合体各成员将严格按照招标文件、投标文件和合同的要求全面履行义务,并向招标人承担连带责任。

　　4.联合体各成员单位内部的职责分工如下:(牵头人名称)承担____专业工程,占总工程量的____%;(成员一名称)承担____专业工程,占总工程量的____%;……。

　　5.投标工作和联合体在中标后工程实施过程中的有关费用按各自承担的工作量分摊。

　　6.本协议书自所有成员单位法定代表人签字或盖单位章之日起生效,合同履行完毕后自动失效。

　　7.本协议书一式____份,联合体成员和招标人各执一份。

联合体牵头人名称:_____（盖单位章）
法定代表人:_____（签字）

联合体成员名称:_____（盖单位章）
法定代表人:_____（签字）

联合体成员名称:_____（盖单位章）
法定代表人:_____（签字）
……

　　　　　　　　　　　　____年____月____日

[①] 本联合体协议书格式适用于未进行资格预审的情况。如果采用资格预审,投标人应在此提供资格预审申请文件中所附的联合体协议书复印件。

四、投标保证金

若采用现金或支票,投标人应在此提供汇款凭证的复印件。
如采用银行保函,银行保函复印件装订在投标文件中,格式如下。

_____(招标人名称):

鉴于_____(投标人名称)(以下称"投标人")于_____年___月___日参加_____(项目名称)_____标段施工监理的投标,_____(担保人名称,以下简称"我方")无条件地、不可撤销地保证:若投标人在投标有效期内撤销投标文件,中标后无正当理由不与招标人订立合同,在签订合同时向招标人提出附加条件,不按照招标文件要求提交履约保证金,或发生招标文件明确规定可以不予退还投标保证金的其他情形,我方承担保证责任。收到你方书面通知后,我方在 7 日内向你方无条件支付人民币(大写)_____元。

本保函在投标有效期或经延长的投标有效期内保持有效。要求我方承担保证责任的通知应在上述期限内送达我方。你方延长投标有效期的决定,应通知我方。

担保人名称:_____(盖单位章)
法定代表人或其委托代理人:_____(签字)
地　　址:_____
邮政编码:_____
电　　话:_____
传　　真:_____

_____年___月___日

五、资格审查资料(适用于已进行资格预审的)

投标人应按通过资格预审后的新情况及第二章"投标人须知"第3.5.1项的规定对资格预审申请文件进行更新或补充,表格格式同资格预审文件规定。

五、资格审查资料（适用于未进行资格预审的）

（一）投标人基本情况表

投标人名称						
注册地址				邮政编码		
联系方式	联系人			电　话		
	传　真			电子邮件		
法定代表人	姓　名		技术职称		电　话	
技术负责人	姓　名		技术职称		电　话	
企业监理资质证书	类型：		等级：		证书号：	
营业执照号				员工总人数：		
注册资本			其中	高级职称人员		
成立日期				中级职称人员		
基本账户开户银行				技术人员数量		
基本账户银行账号				各类注册人员		
经营范围						
投标人关联企业情况	投标人应提供关联企业情况，包括： （1）投标人的所有股东名称及相应股权（出资额）比例；如投标人为上市公司，投标人应提供股权占公司股份总数＿＿＿％以上的所有股东名称及相应股权比例； （2）投标人投资（控股）或管理的下属企业名称、持有股权（出资额）比例； （3）与投标人单位负责人（即法定代表人）为同一人的其他单位名称					
备　注						

注：1. 投标人应根据招标文件第二章"投标人须知"第3.5.1项的要求在本表后附相关证明材料。

2. 以联合体形式参与投标的，联合体各成员应分别填写。

（二）投标人企业组织机构框图

以框图方式表示。

说明

（三）近年完成的类似项目情况表

序　号	
项目名称	
项目所在地	
委托人名称	
委托人地址	
委托人电话	
项目等级	
项目总投资	
监理服务费	
监理服务期限	
监理内容	
总监理工程师或驻地监理工程师	
项目描述	
备　注	

注：1. 每张表格只填写一个项目，并标明序号。

2. 投标人应根据招标文件第二章"投标人须知"第3.5.2项的要求在本表后附相关证明材料。

3. 如近年来，投标人法人机构发生合法变更或重组或法人名称变更时，应提供相关部门的合法批件或其他相关证明材料来证明其所附业绩的继承性。

4. 以联合体形式参与投标的，联合体各成员应分别填写。

（四）投标人的信誉情况表

项　　目	投标人情况说明

注:1. 投标人应按照招标文件第二章"投标人须知"前附表附录 3 和"投标人须知"正文第 1.4.4 项规定,逐条说明其信誉情况。

2. 投标人应根据招标文件第二章"投标人须知"第 3.5.3 项的要求在本表后附相关证明材料。

3. 以联合体形式参与投标的,联合体各成员应分别填写。

（五）拟委任的总监理工程师或驻地监理工程师资历表

姓 名		年 龄		执业或职业资格证书名称	
技术职称		学 历		拟在本标段工程任职	
工作年限				从事监理工作年限	
毕业学校	____年___月毕业于_____学校_____专业,学制___年				
经 历					
时 间	参加过的类似工程项目名称			担任职务	委托人及联系电话
获奖情况					
说明在岗情况	□目前未在其他项目上任职,现从事工作为:_____ □目前虽在其他项目上任职,但本项目中标后能够从该项目撤离,目前任职项目:_____,担任职位:_____				
备 注					

注：1.本表应填写总监理工程师或驻地监理工程师相关情况。
2.投标人应根据招标文件第二章"投标人须知"第3.5.4项的要求在本表后附相关证明材料。

(六)拟委任的其他主要监理人员汇总表[①]

序号	本标段任职	姓名	技术职称	专业	执业或职业资格证明			备注
					证书名称	级别	证号	

注:本表填报的人员应满足招标文件第二章"投标人须知"前附表附录5的要求。

[①] 本表仅适用于特别复杂的特大桥梁和特长隧道项目主体工程以及其他有特殊要求的工程。

(七)拟委任的其他主要监理人员资历表[①]

姓　名		年　龄		执业或职业 资格证书名称	
技术职称		学　历		拟在本标段 工程任职	
工作年限				从事监理 工作年限	
毕业学校	_____年___月毕业于_____学校_____专业,学制___年				
经　历					
时　间	参加过的类似工程项目名称			担任职务	委托人及 联系电话
获奖情况					
说明在岗情况	□目前未在其他项目上任职,现从事工作为:_____ □目前虽在其他项目上任职,但本项目中标后能够从该项目撤离,目前任职项目:_____,担任职位:_____				
备　注					

注:1. 本表人员应与表(六)中所列人员相一致。
　2. 投标人应根据招标文件第二章"投标人须知"第3.5.5项的要求在本表后附相关证明材料。

[①] 本表仅适用于特别复杂的特大桥梁和特长隧道项目主体工程以及其他有特殊要求的工程。

六、技术建议书

1. 工程概述:主要对拟投监理标段的工程总体概况进行简单描述。

2. 监理工作范围:依据监理合同中约定的监理服务的要求和范围,对拟投监理标段的监理工作安排、主要监理人员的岗位职责进行必要的阐述。

3. 现场监理机构设置与人员安排:通过框图形式,明确拟投监理标段的组织机构设置。

4. 监理仪器、设备和设施的配备:投标人根据拟投监理标段的现场工作需要,对其拟投入本工程的监理仪器、设备和设施的配备等情况做简要介绍。

5. 监理工作程序:结合监理工作的阶段划分,对工程质量控制、进度控制、施工安全控制、施工环境保护、费用控制、合同及其他事项管理、文件资料管理等方面,进行监理工作的方法与流程的简要阐述。

6. 监理大纲(或监理方案)和措施。

7. 本工程监理工作的重点与难点分析:根据招标文件及现场考察,对本工程监理工作需要特别给予重视的问题逐一论述并给出解决方法。

8. 对本工程建议:为更好地完成本工程的监理工作,监理单位可根据以往的经验,对本工程监理工作提出建议。

七、其他资料

_____省（自治区、直辖市）

_____（项目名称）_____标段施工监理招标

投 标 文 件

（报价文件）

投标人：_____（盖单位章）

_____年____月____日

目 录

一、投标函
二、监理服务费用清单

第七章　投标文件格式

一、投　标　函

　　_____（招标人名称）：

　　1. 我方已仔细研究_____（项目名称）_____标段施工监理招标文件的全部内容（含补遗书第____号至第____号），在考察工程现场后，愿意以人民币（大写）_____元（¥_____）的投标总报价（或根据招标文件规定修正核实后确定的另一金额，其中，增值税税率为_____），按合同约定完成施工监理工作。

　　其中：施工阶段监理服务费：_____元；

　　　　　缺陷责任期阶段监理服务费：_____元。

　　2. 在合同协议书正式签署生效之前，本投标函连同你方的中标通知书将构成我们双方之间共同遵守的文件，对双方具有约束力。

　　3. _____（其他补充说明）。

　　　　　　　　　　　　　　　　投 标 人：_____（盖单位章）①
　　　　　　　　　　　　　　　　法定代表人或其委托代理人：_____（签字）
　　　　　　　　　　　　　　　　地　　址：_____
　　　　　　　　　　　　　　　　网　　址：_____
　　　　　　　　　　　　　　　　电　　话：_____
　　　　　　　　　　　　　　　　传　　真：_____
　　　　　　　　　　　　　　　　邮政编码：_____

　　　　　　　　　　　　　　　　　　　　____年__月__日

---

① 投标人仅须在投标函上加盖单位章，或由法定代表人或其委托代理人签字。

二、监理服务费用清单

(一)报价清单说明

1. 本报价表中各表项目和数量由投标人根据工程需要填写,除此之外,还应在每张报价表后附报价计算说明。如折旧费计算说明中应指出每种监理设施折旧寿命、折旧期、年折旧费等,使用、维修、管理费等计算说明中应指出每年各项费用情况、计算公式等。

2. 监理人员配备数量应根据招标文件的要求、投标人编写的技术建议书并参考投标人以往监理工作经验填报。

3. 投标人必须配备施工监理所需的监理办公设施(含通信设施)、试验检测设施、交通设施、生活设施等。监理办公设施(含通信设施)、试验检测设施、交通设施、生活设施等应根据招标文件的要求、投标人编写的技术建议书并参考投标人以往监理工作经验配置。

4. 监理工程师的驻地设施及配备的设备,如交通、通信工具及燃料消耗、维护等均由投标人按规定列入投标报价中。

5. 投标人在填报监理服务费用时应综合考虑下列因素:

(1)监理人所提供的各级监理人员、试验检测仪器、车辆均应满足委托人在招标文件中提出的最低限度要求。

(2)除合同条款第8条约定的变更情形和项目专用合同条款第9.1.1项约定的其他情形外,本监理合同的监理服务费用在合同实施期间一律不予调整。

6. 投标人因完成本项目施工监理服务需计取的企业管理费及需缴纳的一切税费均由投标人承担,并包含在所报的单价或总额价内,委托人不单独支付。

7. 投标人应认真填写报价清单中所列的监理服务费用各细目的单价和总额价。投标人没有填入单价或总额价的工程细目委托人将不予支付,并认为该细目的价款已包括在报价清单其他细目的单价或总额价中。

8. 在表2"监理人员服务费报价表"和表4"监理工程师交通设施费报价表"后应附相应项目的单价分析表。

9. 投标人在表2中填报的各类监理人员的人月单价应包括监理人员的工资、加班费、生活伙食费、奖金及各种补贴等一切费用在内。若监理人员因履行正常监理服务而加班,委托人将不考虑另行支付监理人员的加班费用。投标报价中应考虑加班费。

10. 对于同一设施或物品,投标人不能重复填报监理服务费用,一经发现,委托人将有权从投标价中扣除多报的费用,投标人对此应予确认,否则,委托人有权取消其中标资格。

（二）监理服务费报价表

表1 监理服务费用报价汇总表
表2 监理人员服务费报价表
表3 监理工程师办公设施费报价表
表4 监理工程师交通设施费报价表
表5 监理试验设施费报价表
表6 监理工程师生活设施费报价表
表7 监理服务费用支付估算表
附件1 监理人员工作计划安排表
附件2 监理设施进出场时间表

表 1 监理服务费用报价汇总表

单位：人民币元

序号	项 目	施工期	缺陷责任期	小计金额
1	监理人员服务费			
2	监理办公设施费			
3	监理交通设施费（含燃料消耗等费用）			
4	监理试验设施费			
5	监理生活设施费			
6	各项费用合计（6＝1＋2＋3＋4＋5）			
7	利润（按 6 的百分比报价）			
8	暂列金额 [8＝(6＋7)×____%]			
9	投标报价总计（9＝6＋7＋8）			

第七章 投标文件格式

表 2 监理人员服务费报价表

序号	人 员	施工期			缺陷责任期		
		数量	单价[元/(人·月)]	金额(元)	数量	单价[元/(人·月)]	金额(元)
1	总监理工程师						
2	**专业监理工程师						
3	**专业监理工程师						
4	**专业监理工程师						
5	**专业监理工程师						
6	**专业监理工程师						
7	**专业监理工程师						
8	**专业监理工程师						
9	**专业监理工程师						
10	……						
11	……						
12	……						
合 计(元)							

表 3 监理工程师办公设施费报价表

序号	名称及型号	数量	施工期				名称及型号	数量	缺陷责任期			
			购置合价（元）	折旧费（元）	使用费（元）	小计折旧及使用费（元）			购置合价（元）	折旧费（元）	使用费（元）	小计折旧及使用费（元）
1												
2												
3												
4												
5												
6												
7												
8												
9												
…												
合 计(元)							合 计(元)					

表 4 监理工程师交通设施费报价表

序号	名称及型号	施工期						名称及型号	数量(辆)	缺陷责任期				
		数量(辆)	单价(元)	合价(元)	折旧费(元)	使用费(元)	小计折旧及使用费(元)			单价(元)	合价(元)	折旧费(元)	使用费(元)	小计折旧及使用费(元)
1														
2														
3														
4														
5														
6														
7														
8														
…														
	合 计(元)								合 计(元)					

表5 监理试验设施费报价表

序号	设备名称	型号	施工期					缺陷责任期				
			数量	购置合价(元)	折旧费(元)	使用费(元)	小计折旧及使用费(元)	设备名称	型号	数量	购置合价(元)	折旧费(元)	使用费(元)	小计折旧及使用费(元)
1														
2														
3														
4														
5														
6														
7														
8														
9														
…														
合计(元)								合计(元)						

表6 监理工程师生活设施费报价表

序号	名称及型号	数量	施工期				名称及型号	数量	缺陷责任期			
			购置合价(元)	折旧费(元)	使用费(元)	小计折旧及使用费(元)			购置合价(元)	折旧费(元)	使用费(元)	小计折旧及使用费(元)
1												
2												
3												
4												
5												
6												
7												
8												
…												
合 计(元)							合 计(元)					

表7 监理服务费用支付估算表

时间 项目	___年___季度				___年___季度				缺陷责任期	合计
	1	2	3	4	1	2	3	4		
监理人员服务费										
监理办公设施费										
监理交通设施费										
监理试验设施费										
监理生活设施费										
合 计										

注：1. 本表应按附件1和附件2监理人员和监理设施进场时间及数量安排计算相应的费用。

2. 本表各项合计费用应与监理服务费用报价汇总表相一致。

3. 本表将作为监理合同履行过程中委托人支付监理费用的参考依据。

附件1 监理人员工作计划安排表

标段：_____

序号	人员	驻场时间（月）	监理人员投入安排（共____个月）													合计	备注
			1	2	3	4	5	6	7	8	9	10	11	12	…		
1	总监理工程师																
2	＊＊专业监理工程师																
3	＊＊专业监理工程师																
4	＊＊专业监理工程师																
5	＊＊专业监理工程师																
6	＊＊专业监理工程师																
7	＊＊专业监理工程师																
8	＊＊专业监理工程师																
9	＊＊专业监理工程师																
10	……																
11	……																
…	……																
每月应在工地的监理人员合计（人数）			…														

注：按照拟投入本工程现场监理人员的计划在岗安排据实填报。在岗时间为：进场时间为当月第一日；在岗表示为"—"。

附件2 监理设施进出场时间表

时 段	监理设施				
	交通设施	办公设施	生活设施	试验、检测仪器	其他
年 月至 月					
年 月至 月					
年 月至 月					
年 月至 月					
年 月至 月					
年 月至 月					
年 月至 月					
年 月至 月					
年 月至 月					
年 月至 月					
年 月至 月					
年 月至 月					
缺陷责任期					

附录　采用电子招标投标条款示例[①]

采用电子招标投标时,《公路工程标准施工监理招标文件》的相应条款可作如下调整:

第一章　招标公告(未进行资格预审)

第4条、第5条修改为:

4. 招标文件的获取

4.1　凡有意参加投标者,请在_____电子交易平台(以下简称"电子交易平台",网址:_____)进行网员注册,并领取CA数字证书。

4.2　完成网员注册后,请于____年___月___日至____年___月___日,每日___时___分至___时___分(北京时间,下同),通过互联网使用CA数字证书登录"电子交易平台",明确所投标段,通过网上银行支付文件费用后下载招标文件和图纸。联合体投标的,由联合体牵头人完成网上支付、招标文件等资料下载。

4.3　招标文件每套售价_____元,图纸每套售价_____元,售后不退。

5. 投标文件的递交及相关事宜

5.1　招标人将于下列时间和地点组织进行工程现场踏勘并召开投标预备会。

踏勘现场时间:____年___月___日___时___分,集中地点:_____;

投标预备会时间:____年___月___日___时___分,地点:_____。

5.2　投标文件应为加密的投标文件。投标文件递交的截止时间(投标截止时间,下同)为____年___月___日___时___分,投标人应在投标截止时间前,通过互联网使用CA数字证书登录"电子交易平台",将加密的投标文件上传,并保存上传成功后系统自动生成的电子签收凭证,递交时间即为电子签收凭证时间。逾期未完成上传或未按规定加密的投标文件,招标人予以拒收。

第一章　投标邀请书(适用于邀请招标)

第4条、第5条修改为:

4. 招标文件的获取

4.1　请你单位在_____电子交易平台(以下简称"电子交易平台",网址:

[①] 本附录供招标人采用电子招标投标时参考,招标人应根据电子招标投标交易平台的要求编制相应条款。

_____)进行网员注册,并领取 CA 数字证书。

  4.2 完成网员注册后,请于_____年___月___日至_____年___月___日,每日____时____分至____时____分(北京时间,下同),通过互联网使用 CA 数字证书登录"电子交易平台",明确所投标段,通过网上银行支付文件费用后下载招标文件和图纸。联合体投标的,由联合体牵头人完成网上支付、招标文件等资料下载。

  4.3 招标文件每套售价_____元,图纸每套售价_____元,售后不退。

5. 投标文件的递交及相关事宜

  5.1 招标人将于下列时间和地点组织进行工程现场踏勘并召开投标预备会。
踏勘现场时间:_____年___月___日___时___分,集中地点:_____;
投标预备会时间:_____年___月___日___时___分,地点:_____。
  5.2 投标文件应为加密的投标文件。投标文件递交的截止时间(投标截止时间,下同)为_____年___月___日___时___分,投标人应在投标截止时间前,通过互联网使用 CA 数字证书登录"电子交易平台",将加密的投标文件上传,并保存上传成功后系统自动生成的电子签收凭证,递交时间即为电子签收凭证时间。逾期未完成上传或未按规定加密的投标文件,招标人予以拒收。

第一章 投标邀请书(代资格预审通过通知书)

  正文第二自然段修改为:

  请你单位在_____电子交易平台(以下简称"电子交易平台",网址:_____)进行网员注册,并领取 CA 数字证书。

  完成网员注册后,请于_____年___月___日至_____年___月___日,每日____时____分至____时____分(北京时间,下同),通过互联网使用 CA 数字证书登录"电子交易平台",明确所投标段,通过网上银行支付文件费用后下载招标文件和图纸。联合体投标的,由联合体牵头人完成网上支付、招标文件等资料下载。

  正文第五自然段和第六自然段修改为:

  投标文件应为加密的投标文件。投标文件递交的截止时间(投标截止时间,下同)为_____年___月___日___时___分,投标人应在投标截止时间前,通过互联网使用 CA 数字证书登录"电子交易平台",将加密的投标文件上传,并保存上传成功后系统自动生成的电子签收凭证,递交时间即为电子签收凭证时间。逾期未完成上传或未按规定加密的投标文件,招标人予以拒收。

第二章 投标人须知

  投标人须知前附表相应条款修改为:

条款号	条款名称	编列内容
1.10.2	投标人在投标预备会前提出问题	时间：
		形式：使用CA数字证书登录"电子交易平台"，在"投标答疑"菜单以书面形式将提出的问题送达招标人
2.2.1	投标人要求澄清招标文件	时间：＿＿＿年＿＿月＿＿日＿＿时＿＿分
		形式：使用CA数字证书登录"电子交易平台"，在"投标答疑"菜单以书面形式要求招标人对招标文件予以澄清
2.2.2	招标文件澄清发出的形式	通过"电子交易平台"发出招标文件澄清
2.3.1	招标文件修改发出的形式	通过"电子交易平台"发出招标文件修改

投标人须知正文第2.2.3项修改为：

2.2.3 招标文件澄清发出的同时，"电子交易平台"以手机短信方式提醒投标人登录平台查看。投标人应注意及时浏览网上发出的澄清，因投标人自身原因未及时获知澄清内容而导致的任何后果将由投标人自行承担。

投标人须知正文第2.3.2项修改为：

2.3.2 招标文件修改发出的同时，"电子交易平台"以手机短信方式提醒投标人登录平台查看。投标人应注意及时浏览网上发出的修改，因投标人自身原因未及时获知修改内容而导致的任何后果将由投标人自行承担。

投标人须知正文第2.4款修改为：

2.4 招标文件的异议

投标人或其他利害关系人对招标文件有异议的，应在投标截止时间10日前以书面形式提出。招标人将在收到异议之日起3日内作出答复；作出答复前，将暂停招标投标活动。提出异议与作出答复均应通过"电子交易平台"在"异议与答复"菜单以书面形式完成。

投标人须知正文第3.7款修改为：

3.7 投标文件的编制

3.7.1 投标文件应按第七章"投标文件格式"进行编写，如有必要，可以增加附页，作为投标文件的组成部分。

3.7.2 投标文件应对招标文件有关监理服务期限、投标有效期、质量要求、安全目标、委托人要求、招标范围等实质性内容作出响应。

3.7.3 投标文件的制作应满足以下规定：

（1）投标文件由投标人使用"电子交易平台"自带的"投标文件制作工具"制作生成。

（2）投标人在编制投标文件时应建立分级目录，并按照标签提示导入相关内容。

（3）投标文件中证明资料的"复印件"均为"原件的扫描件"，应从"电子交易平台"会员诚信库中选择并进行超链接，未标示"复印件"的证明资料均应直接制作生成。

（4）投标文件中的已标价报价清单数据文件应与招标人提供的报价清单数据文件格式一致。

（5）第七章"投标文件格式"中要求盖单位章和（或）签字的地方，投标人均应使用 CA 数字证书加盖投标人的单位电子印章和（或）法定代表人的个人电子印章或电子签名章。联合体投标的，投标文件由联合体牵头人按上述规定加盖联合体牵头人单位电子印章和（或）法定代表人的个人电子印章或电子签名章。

（6）投标文件制作完成后，投标人应使用 CA 数字证书对投标文件进行文件加密，形成加密的投标文件。

（7）投标文件制作的具体方法详见"投标文件制作工具"中的帮助文档。

3.7.4 因投标人自身原因而导致投标文件无法导入"电子交易平台"电子开标、评标系统，该投标视为无效投标，投标人自行承担由此导致的全部责任。

投标人须知正文第 4.1 款修改为：

4.1 投标文件的加密

投标文件应按照本章第 3.7.3 项要求制作并加密，未按要求加密的投标文件，招标人（"电子交易平台"）将拒绝接收并提示。

投标人须知正文第 4.2 款修改为：

4.2 投标文件的递交

4.2.1 投标人应在第一章"招标公告"或"投标邀请书"规定的投标截止时间前，通过互联网使用 CA 数字证书登录"电子交易平台"，将加密的投标文件上传，并保存上传成功后系统自动生成的电子签收凭证，递交时间即为电子签收凭证时间。投标人应充分考虑上传文件时的不可预见因素，未在投标截止时间前完成上传的，视为逾期送达，招标人（"电子交易平台"）将拒绝接收。

4.2.2 根据本章第 4.1 款的规定，投标人递交的投标文件，只要出现应当拒收的情形，其投标文件予以拒收。

投标人须知正文第4.3款修改为：

4.3 投标文件的修改与撤回

4.3.1 在本章第4.2.1项规定的投标截止时间前，投标人可以修改或撤回已递交的投标文件。投标人对加密的投标文件进行撤回的，应在"电子交易平台"直接进行撤回操作；投标人对加密的投标文件进行修改的，应在投标截止时间前完成上传。

4.3.2 投标人修改投标文件的，应使用"投标文件制作工具"制作成完整的投标文件，并按照本章第3条、第4条规定进行编制、加密和递交。对采用网上递交的加密的投标文件，以投标截止时间前最后完成上传的文件为准。

4.3.3 投标人撤回投标文件的，招标人自收到投标人书面撤回通知之日起5日内退还已收取的投标保证金。

投标人须知正文第5.1款修改为：

5.1 开标时间和地点

招标人在本章第4.2.1项规定的投标截止时间（开标时间）和投标人须知前附表规定的地点对收到的投标文件第一个信封（商务及技术文件）公开开标，并邀请所有投标人的法定代表人或其委托代理人准时参加。

招标人在投标人须知前附表规定的时间和地点对投标文件第二个信封（报价文件）进行开标，并邀请所有投标人的法定代表人或其委托代理人准时参加。

投标人若未派法定代表人或委托代理人参加第一个信封（商务及技术文件）开标的，其投标将被否决。投标人若未派法定代表人或委托代理人参加第二个信封（报价文件）开标的，视为该投标人默认第二个信封（报价文件）的开标结果。

投标人须知正文第5.2款修改为：

5.2 开标程序

5.2.1 主持人按下列程序对投标文件第一个信封（商务及技术文件）进行开标：
（1）宣布开标纪律；
（2）公布在投标截止时间前递交投标文件的投标人数量；
（3）宣布开标人、唱标人、记录人等有关人员姓名；
（4）由招标人现场随机抽取的投标人代表抽取评标基准价系数（如有）；
（5）投标人代表解密加密的投标文件；
（6）招标人对未成功解密的投标文件进行退回并按本章第5.3款进行补救处理，对已解密成功的投标文件进行二次解密；
（7）导入并读取所有解密成功的投标文件第一个信封（商务及技术文件）的内容；
（8）公布标段名称、投标人名称、投标保证金的递交情况、监理服务期限及其他内

容,并记录在案;

(9)投标人代表、招标人代表、记录人等有关人员在开标记录上签字确认;

(10)开标结束。

5.2.2 投标文件第二个信封(报价文件)在投标文件第一个信封(商务及技术文件)完成评审前,"电子交易平台"的开标评标系统将不进行读取。

5.2.3 招标人将按照本章第5.1款规定的时间和地点对投标文件第二个信封(报价文件)进行开标。主持人按下列程序进行开标:

(1)宣布开标纪律;

(2)当众拆开投标文件第一个信封(商务及技术文件)评审结果的密封袋,宣布通过投标文件第一个信封(商务及技术文件)评审的投标人名单;

(3)宣布开标人、唱标人、记录人等有关人员姓名;

(4)开标人将所有投标文件第二个信封(报价文件)的内容导入"电子交易平台"的开标评标系统,未通过投标文件第一个信封(商务及技术文件)评审的投标人的第二个信封(报价文件)不予读取;

(5)公布标段名称、投标人名称、投标报价及其他内容,并记录在案;

(6)投标人代表、招标人代表、记录人等有关人员在开标记录上签字确认;

(7)开标结束。

5.2.4 在投标文件第二个信封(报价文件)开标现场,招标人将按第三章"评标办法"规定的原则计算并宣布评标基准价。若招标人发现投标文件出现以下任一情况,其投标报价将不再参加评标基准价的计算:

(1)未在投标函上填写投标总价;

(2)投标报价超出招标人公布的最高投标限价(如有);

(3)投标报价的大写金额无法确定具体数值;

(4)投标函上填写的标段号与投标文件封套上标记的标段号不一致。

如果投标人认为某一标段的评标基准价计算有误,有权在开标现场提出,经招标人当场核实确认之后,可重新宣布评标基准价。开标现场宣布的评标基准价除计算有误经评标委员会修正外,在整个评标期间保持不变,不随任何因素发生变化。

5.2.5 在投标文件第一个信封(商务及技术文件)或第二个信封(报价文件)开标过程中,若招标人宣读的内容与投标文件不符,投标人有权在开标现场提出疑问,经招标人当场核查确认之后,可重新宣读其投标文件。若投标人现场未提出疑问,则认为投标人已确认招标人宣读的内容。

投标人须知正文第5.3款修改为:

5.3 开标补救措施

5.3.1 开标过程中因本章第5.3.2项、第5.3.3项所列原因,导致系统无法正常运行,将按投标人须知前附表的规定采取补救措施。

5.3.2 因"电子交易平台"系统故障导致投标人无法正常上传加密的投标文件,投标人应打印并递交电子交易平台自动生成的上传失败的异常记录单。

5.3.3 当出现以下情况时,应对未开标的中止电子开标,并在恢复正常后及时安排时间开标:

(1)系统服务器发生故障,无法访问或无法使用系统;
(2)系统的软件或数据库出现错误,不能进行正常操作;
(3)系统发现有安全漏洞,有潜在的泄密危险;
(4)出现断电事故且短时间内无法恢复供电;
(5)其他无法保证招投标过程正常进行的情形。

5.3.4 采取补救措施时,必须对原有资料及信息作出妥善保密处理。

5.4 开标异议

投标人对开标有异议的,应在开标现场提出,招标人当场作出答复,并制作记录,有异议的投标人代表、招标人代表、记录人等有关人员在记录上签字确认。

投标人须知正文第6.3款修改为:

6.3 评标

6.3.1 评标委员会按照第三章"评标办法"规定的方法、评审因素、标准和程序对投标文件进行评审。第三章"评标办法"没有规定的方法、评审因素和标准,不作为评标依据。

6.3.2 评标及补救措施

评标委员会按照本章第6.3.1项的规定在电子评标系统上开展评审工作。如果评标过程中出现异常情况,导致无法继续评审工作的,可暂停评标,对原有资料及信息作出妥善保密处理,待电子评标系统恢复正常之后,应重新组织评审。

评标完成后,评标委员会应向招标人提交评标报告和中标候选人名单。评标委员会推荐中标候选人的人数见投标人须知前附表。

投标人须知正文第7.2款修改为:

7.2 评标结果异议

投标人或其他利害关系人对依法必须进行招标的项目的评标结果有异议的,应在中标候选人公示期间提出。招标人将在收到异议之日起3日内作出答复;作出答复前,将暂停招标投标活动。提出异议与作出答复均应通过"电子交易平台"在"异议与答复"菜单以书面形式进行。

投标人须知正文第7.5款修改为：

7.5 中标通知

在本章第3.3款规定的投标有效期内，招标人应通过"电子交易平台"以数据电文形式向中标人发出中标通知书，同时将中标结果通知未中标的投标人。

公路工程现行标准、规范、规程、指南一览表

(2018年1月)

序号	类别	编号	书名(书号)	定价(元)
1	基础	JTG 1001—2017	公路工程标准体系(14300)	20.00
2		JTG A02—2013	公路工程行业标准制修订管理导则(10544)	15.00
3		JTG A04—2013	公路工程标准编写导则(10538)	20.00
4		JTJ 002—87	公路工程名词术语(0346)	22.00
5		JTJ 003—86	公路自然区划标准(0348)	16.00
6		JTG B01—2014	★公路工程技术标准(活页夹版,11814)	98.00
7		JTG B01—2014	★公路工程技术标准(平装版,11829)	68.00
8		JTG B02—2013	公路工程抗震规范(11120)	45.00
9		JTG/T B02-01—2008	公路桥梁抗震设计细则(13318)	45.00
10		JTG B03—2006	公路建设项目环境影响评价规范(13373)	40.00
11		JTG B04—2010	公路环境保护设计规范(08473)	28.00
12		JTG B05—2015	★公路项目安全性评价规范(12806)	45.00
13		JTG B05-01—2013	公路护栏安全性能评价标准(10992)	30.00
14		JTG B06—2007	公路工程基本建设项目概算预算编制办法(06903)	26.00
15		JTG/T B06-01—2007	★公路工程概算定额(06901)	110.00
16		JTG/T B06-02—2007	★公路工程预算定额(06902)	138.00
17		JTG/T B06-03—2007	★公路工程机械台班费用定额(06900)	24.00
18		交通部定额站2009版	公路工程施工定额(07864)	78.00
19		JTG/T B07-01—2006	公路工程混凝土结构防腐蚀技术规范(13592)	30.00
20		JTG/T 6303.1—2017	收费公路移动支付技术规范 第一册 停车移动支付(14380)	20.00
21		交通运输部2015年第40号	★收费公路联网收费多义性路径识别技术要求(12484)	40.00
22		JTG B10-01—2014	公路电子不停车收费联网运营和服务规范(11566)	30.00
23		交通运输部2011年	公路工程项目建设用地指标(09402)	36.00
24	勘测	JTG C10—2007	★公路勘测规范(06570)	40.00
25		JTG/T C10—2007	★公路勘测细则(06572)	42.00
26		JTG C20—2011	公路工程地质勘察规范(09507)	65.00
27		JTG/T C21-01—2005	公路工程地质遥感勘察规范(0839)	17.00
28		JTG/T C21-02—2014	公路工程卫星图像测绘技术规程(11540)	25.00
29		JTG/T C22—2009	公路工程物探规程(1311)	28.00
30		JTG C30—2015	★公路工程水文勘测设计规范(12063)	70.00
31	设计	公路	JTG D20—2017	公路路线设计规范(14301)	80.00
32			JTG/T D21—2014	公路立体交叉设计细则(11761)	60.00
33			JTG D30—2015	★公路路基设计规范(12147)	98.00
34			JTG/T D31—2008	沙漠地区公路设计与施工指南(1206)	32.00
35			JTG/T D31-02—2013	★公路软土地基路堤设计与施工技术细则(10449)	40.00
36			JTG/T D31-03—2011	★采空区公路设计与施工技术细则(09181)	40.00
37			JTG/T D31-04—2012	多年冻土地区公路设计与施工技术细则(10260)	40.00
38			JTG/T D31-05—2017	黄土地区公路路基设计与施工技术规范(13994)	50.00
39			JTG/T D31-06—2017	季节性冻土地区公路设计与施工技术规范(13981)	45.00
40			JTG/T D32—2012	★公路土工合成材料应用技术规范(09908)	50.00
41			JTG D40—2011	★公路水泥混凝土路面设计规范(09463)	40.00
42			JTG D50—2017	★公路沥青路面设计规范(13760)	50.00
43			JTG/T D33—2012	公路排水设计规范(10337)	40.00
44		桥隧	JTG D60—2015	★公路桥涵设计通用规范(12506)	40.00
45			JTG/T D60-01—2004	公路桥梁抗风设计规范(13804)	40.00
46			JTG D61—2005	公路圬工桥涵设计规范(13355)	30.00
47			JTG D62—2004	公路钢筋混凝土及预应力混凝土桥涵设计规范(05052)	48.00
48			JTG D63—2007	公路桥涵地基与基础设计规范(06892)	48.00
49			JTG D64—2015	★公路钢结构桥梁设计规范(12507)	80.00
50			JTG D64-01—2015	公路钢混组合桥梁设计与施工规范(12682)	45.00
51			JTG/T D65-01—2007	公路斜拉桥设计细则(1125)	28.00
52			JTG/T D65-04—2007	公路涵洞设计细则(06628)	26.00
53			JTG/T D65-05—2015	公路悬索桥设计规范(12674)	55.00
54			JTG/T D65-06—2015	公路钢管混凝土拱桥设计规范(12514)	40.00
55			JTG D70—2004	公路隧道设计规范(05180)	50.00
56			JTG/T D70—2010	★公路隧道设计细则(08478)	66.00
57			JTG D70/2—2014	公路隧道设计规范 第二册 交通工程与附属设施(11543)	50.00

续上表

序号	类别	编号	书名(书号)	定价(元)
58	设计 桥隧	JTG/T D70/2-01—2014	公路隧道照明设计细则(11541)	35.00
59		JTG/T D70/2-02—2014	公路隧道通风设计细则(11546)	70.00
60	交通工程	JTG D80—2006	高速公路交通工程及沿线设施设计通用规范(0998)	25.00
61		JTG D81—2017	公路交通安全设施设计规范(14395)	60.00
62		JTG/T D81—2017	公路交通安全设施设计细则(14396)	90.00
63		JTG D82—2009	公路交通标志和标线设置规范(07947)	116.00
64	综合	交办公路〔2017〕167号	国家公路网交通标志调整工作技术指南(14379)	80.00
65		交公路发〔2007〕358号	公路工程基本建设项目设计文件编制办法(06746)	26.00
66		交公路发〔2015〕69号	公路工程特殊结构桥梁项目设计文件编制办法(12455)	30.00
67	检测	JTG E20—2011	公路工程沥青及沥青混合料试验规程(09468)	106.00
68		JTG E30—2005	公路工程水泥及水泥混凝土试验规程(13319)	55.00
69		JTG E40—2007	★公路土工试验规程(06794)	90.00
70		JTG E41—2005	公路工程岩石试验规程(13351)	30.00
71		JTG E42—2005	公路工程集料试验规程(13353)	50.00
72		JTG E50—2006	★公路工程土工合成材料试验规程(13398)	40.00
73		JTG E51—2009	公路工程无机结合料稳定材料试验规程(08046)	60.00
74		JTG E60—2008	公路路基路面现场测试规程(07296)	50.00
75		JTG/T E61—2014	公路路面技术状况自动化检测规程(11830)	25.00
76	施工 公路	JTG F10—2006	公路路基施工技术规范(06221)	50.00
77		JTG/T F20—2015	★公路路面基层施工技术细则(12367)	45.00
78		JTG/T F30—2014	公路水泥混凝土路面施工技术细则(11244)	60.00
79		JTG/T F31—2014	公路水泥混凝土路面再生利用技术细则(11360)	30.00
80		JTG F40—2004	★公路沥青路面施工技术规范(05328)	50.00
81		JTG F41—2008	公路沥青路面再生技术规范(07105)	40.00
82	桥隧	JTG/T F50—2011	★公路桥涵施工技术规范(09224)	110.00
83		JTG/T F81-01—2004	公路工程基桩动测技术规程(14068)	30.00
84		JTG F60—2009	公路隧道施工技术规范(07992)	55.00
85		JTG/T F60—2009	公路隧道施工技术细则(07991)	70.00
86	交通	JTG F71—2006	★公路交通安全设施施工技术规范(13397)	30.00
87		JTG/T F72—2011	公路隧道交通工程与附属设施施工技术规范(09509)	35.00
88	质检 安全	JTG F80/1—2017	公路工程质量检验评定标准 第一册 土建工程(14472)	90.00
89		JTG F80/2—2004	公路工程质量检验评定标准 第二册 机电工程(05325)	40.00
90		JTG G10—2016	公路工程施工监理规范(13275)	40.00
91		JTG F90—2015	★公路工程施工安全技术规范(12138)	68.00
92	养护 管理	JTG H10—2009	公路养护技术规范(08071)	60.00
93		JTJ 073.1—2001	公路水泥混凝土路面养护技术规范(13658)	20.00
94		JTJ 073.2—2001	公路沥青路面养护技术规范(13677)	20.00
95		JTG H11—2004	公路桥涵养护规范(05025)	40.00
96		JTG H12—2015	公路隧道养护技术规范(12062)	60.00
97		JTG H20—2007	公路技术状况评定标准(13399)	25.00
98		JTG/T H21—2011	★公路桥梁技术状况评定标准(09324)	46.00
99		JTG H30—2015	公路养护安全作业规程(12234)	90.00
100		JTG H40—2002	公路养护工程预算编制导则(0641)	9.00
101	加固设计 与施工	JTG/T J21—2011	公路桥梁承载能力检测评定规程(09480)	20.00
102		JTG/T J21-01—2015	公路桥梁荷载试验规程(12751)	40.00
103		JTG/T J22—2008	公路桥梁加固设计规范(07380)	52.00
104		JTG/T J23—2008	公路桥梁加固施工技术规范(07378)	40.00
105	改扩建	JTG/T L11—2014	高速公路改扩建设计细则(11998)	45.00
106		JTG/T L80—2014	高速公路改扩建交通工程及沿线设施设计细则(11999)	30.00
107	造价	JTG 3810—2017	公路工程建设项目造价文件管理导则(14473)	50.00
108		JTG M20—2011	公路工程基本建设项目投资估算编制办法(09557)	30.00
109		JTG/T M21—2011	公路工程估算指标(09531)	110.00
110		JTG/T M72-01—2017	公路隧道养护工程预算定额(14189)	60.00
1	技术 指南	交公便字〔2006〕02号	公路工程水泥混凝土外加剂与掺合料应用技术指南(0925)	50.00
2		交公便字〔2009〕145号	公路交通标志和标线设置手册(07990)	165.00

注:JTG——公路工程行业标准体系;JTG/T——公路工程行业推荐性标准体系;JTJ——仍在执行的公路工程原行业标准体系。
批发业务电话:010-59757973;零售业务电话:010-85285659(北京);网上书店电话:010-59757908;业务咨询电话:010-85285922。